GTB
Gütersloher Taschenbücher
682

Udo Hahn

Geboren 1962, Theologe, Publizist und Autor, lebt in Rethmar bei Hannover.

Für Gisela und Ernst Herbert

Udo Hahn

Gottesdienst

Grundbegriffe Christentum

Gütersloher Verlagshaus

Originalausgabe

Die Deutsche Bibliothek – CIP-Einheitsaufnahme

Hahn, Udo: Gottesdienst / Udo Hahn. –
Orig.-Ausg. – Gütersloh: Gütersloher Verl.-Haus, 2000
(Gütersloher Taschenbücher; 682: Grundbegriffe Christentum)
ISBN 3-579-00682-7

ISBN 3-579-00682-7

Umschlaggestaltung: INIT, Bielefeld
Satz: Weserdruckerei Rolf Oesselmann GmbH, Stolzenau
Druck und Bindung: Těšínská Tiskárna AG, Český Těšín
Gedruckt auf chlorfrei gebleichtem Werkdruckpapier
Printed in Czech Republic

Inhalt

Die Statistik der Evangelischen Kirche in Deutschland (EKD) weist für das Jahr 1995 einen durchschnittlichen Gottesdienstbesuch von 4,9 Prozent aus. Dies bedeutet, daß knapp fünf von einhundert evangelischen Kirchenmitgliedern sonntags in die Kirche gehen. 1973 lag der Anteil noch bei 7 Prozent, Mitte der achtziger Jahre bei 5,5 Prozent. Von Landeskirche zu Landeskirche ergibt sich ein unterschiedliches Bild. Der geringste Gottesdienstbesuch ist in der Nordelbischen Evangelisch-Lutherischen Kirche zu verzeichnen (2,7 Prozent), der höchste in der Evangelisch-Lutherischen Kirche in Bayern (6,7 Prozent).

Aus der letzten Mitgliederbefragung der EKD von 1993 geht hervor, daß 11 Prozent der Westdeutschen und 7 Prozent der Ostdeutschen jeden oder fast jeden Sonntag in die Kirche gehen. Ein- bis zweimal im Monat 11 bzw. 10 Prozent, ein paarmal im Jahr, auch an normalen Sonntagen 19 bzw. 25 Prozent. Nur bei den großen kirchlichen Feiertagen und bei familiären Anlässen: 23 Prozent der West- und 25 Prozent der Ostdeutschen, nur bei familiären Anlässen wie Taufe, Konfirmation, Hochzeit oder Beerdigung 30 bzw. 22 Prozent. Sieben Prozent der evangelischen Christen in den alten Bundesländern und 12 Prozent in den neuen Bundesländern gaben an, nie in den Gottesdienst zu gehen.

Statistische Erhebungen zum Gottesdienstbesuch gibt es seit dem letzten Jahrhundert. Aus ihnen ist abzulesen, daß die Teilnahme in der evangelischen Kirche schon immer im Vergleich zur römisch-katholischen Kirche deutlich geringer ausfiel – von regionalen und epochalen Schwankungen einmal abgesehen. Es gibt Gegenden in Deutschland, in denen evangelische Christen intensiv am gottesdienstlichen Leben teilnahmen. Krisenzeiten, ob Kriege und Nachkriegszeiten, oder die Entwicklung in der ehemaligen DDR im Herbst 1989, sorgten stets für einen stark erhöhten Gottesdienstbesuch. Während der Besucheranteil in der evangelischen Kirche rückläufig ist, verzeichnet auch die römisch-katholische Kirche einen erheblichen Rückgang, allerdings auf einem sehr viel höheren Niveau.

Dessen ungeachtet gilt in beiden Kirchen der Gottesdienst als das Herzstück christlichen Gemeindelebens, auf dessen Vorbereitung eine nicht unerhebliche Zeitspanne verwendet wird. Sieht man sich das Besucherspektrum genauer an, so fällt auf, daß bestimmte Gruppen von Kirchenmitgliedern – ältere Menschen, vor allem Frauen – im Gottesdienst überrepräsentiert sind. Jüngere Menschen, die mittlere Generation, vor allem aber Männer sind kaum vertreten. Mehr als ein Viertel der Gottesdienstbesucher ist 65 Jahre und älter. Tendenz steigend. Und dies nicht zuletzt aufgrund der gestiegenen Lebenserwartung, sondern auch angesichts der überdurchschnittlich hohen Kirchenaustrittszahlen bei Menschen – besonders bei Männern – im erwerbsfähigen Alter. Auch die Kirchgangshäufigkeit bei Frauen ist rückläufig. Dies ist insofern ein Problem, da man aus soziologischen Untersuchungen weiß, daß die religiös-kirchliche Sozialisation, die Vermittlung christlichen Glaubens(wissens), in der Familie wesentlich von Frauen getragen wird.

Warum sind junge Leute so wenig am Gottesdienst interessiert? Es ist vor allem der Unterschied in den Wertvorstellungen, die junge Menschen als zeitgemäß erleben und den Werten der Kirche. Kurzgefaßt: Je mehr sich kirchliches und gesellschaftliches Wertesystem decken, desto stärker der Kirchenbesuch. Je stärker der Widerspruch empfunden wird zwischen kirchlichen und gesellschaftlichen Werten, desto geringer das Interesse am Gottesdienst. Werte, die vor allem bei jungen Menschen hoch im Kurs sind und die als von der Kirche behindert angesehen werden, sind zum Beispiel: frei und unabhängig sein – auch in den Beziehungen zum anderen Geschlecht, überflüssige Autoritäten abbauen. Wer den Gottesdienstbesuch als Zwang oder Pflicht ansah, etwa am Kindergottesdienst teilzunehmen, oder als Konfirmandin und Konfirmand sonntags in der Kirche erscheinen mußte, der distanziert sich mit dem Hinweis auf diese als Belastung empfundene Norm um so deutlicher vom Kirchgang.

Und noch ein weiterer Aspekt: Je mehr Distanz Eltern zur Kirche aufbauen bzw. aufgebaut haben, desto größer die Wahrscheinlichkeit, daß Kinder später eine geringe oder gar keine Beziehung zum Gottesdienst entwickeln.

Die 13. Shell Jugendstudie, die 2000 vorgelegt wurde, hat ergeben, daß 83 Prozent aller Befragten in den letzten 4 Wochen nicht zum Gottesdienst gegangen waren. 9 Prozent nahmen einmal teil, 4 Prozent zweimal und ebenfalls 4 Prozent dreimal und häufiger. Wie bei den Erwachsenen, so gehen eher weibliche als männliche Jugendliche zum Gottesdienst. Der Rückgang des Gottesdienstbesuchs ist bei den weiblichen Jugendlichen besonders signifikant: je älter, desto geringer die Teilnahme am Gottesdienst. Weiter fand die Jugendstudie heraus, daß sich unter den Gottesdienstbesuchern etwas mehr Befragte mit Hauptschulniveau und etwas mehr junge verheiratete Frauen befinden. In der Gruppe »Gottesdienst nein« sind mehr Jugendliche aus den neuen Bundesländern, mehr Einzelkinder, mehr junge Frauen und Männer, die mit einem Partner/einer Partnerin zusammenleben, anzutreffen. Gottesdienstbesucher leben eher in kleineren Gemeinden, die Nichtteilnehmer in größeren. Erstaunlich ist, daß es zwischen Gottesdienstteilnahme und Sportveranstaltungen an Sonntagen offensichtlich bei denen keinen Konflikt gibt, die beides unter einen Hut zu bringen versuchen. Jugendliche, die zum Gottesdienst gehen, so die Shell-Studie, gehören zu größeren Anteilen einem Verein, insbesondere einem Sportverein an.

Ihr Interesse oder Desinteresse am Gottesdienst begründen nicht wenige Menschen mit ihrer Sympathie oder Antipathie für bzw. gegen den Pfarrer/die Pfarrerin. Nicht unberücksichtigt bleibt in diesem Zusammenhang auch, wie Institution Kirche ganz allgemein wahrgenommen wird. Positive Erfahrungen unterstützen die Entscheidung, den Gottesdienst zu besuchen, negative halten eher davon ab. Wer in die Kirche geht, der stimmt in hohem Maße den zu Gehör gebrachten Glaubensüberzeugungen zu. Wer – wie beim Thema Werte – eine andere Auffassung vertritt, sieht darin eine Hemmschwelle für den Kirchgang. Und auch der Freundeskreis ist für den Gottesdienstbesuch ausschlaggebend. Nicht teilzunehmen wird als sozial übliches Verhalten angesehen. Auffallend ist ferner, daß sich im Gottesdienst für die meisten Besucher kaum soziale Beziehungen entwickeln lassen, die die Teilnahme letztlich zu einer Begegnung mit Freunden und Bekannten werden ließe.

Wie unterschiedlich die Erwartungen der Besucherinnen und Besucher an den Gottesdienst sind, hat die Pastoralsoziologin Ingrid Lukatis (Hannover) herausgearbeitet. Ein Teil sucht Kontakt und Nähe, möchte Gemeinschaft auch im Sinne des Wortes erleben. Andere hingegen sind froh, wenn sie für sich und durchaus auch anonym bleiben können. Ihr Interesse konzentriert sich mehr darauf, eine »gute« Predigt zu hören. Die zum Gottesdienst versammelte Gemeinschaft wird mehr symbolisch verstanden.

Während diese Bedürfnisse nicht harmonisierbar sind, könnten Pfarrerinnen und Pfarrer ein anderes Interesse durchaus zu befriedigen versuchen. Viele Menschen kommen zur Kirche, um im Gottesdienst ihre Lebenswirklichkeit mit der biblischen Botschaft in Beziehung gesetzt zu erfahren. Die Enttäuschung ist um so größer, je abgehobener die Predigt empfunden wird. Und für junge Leute und Jugendliche im Konfirmandenalter gilt, daß sie sich zum Zuhören verurteilt sehen und den Gottesdienstbesuch vor diesem Hintergrund erst recht als Zwang erleben. Der Wunsch nach aktiver Beteiligung, vor allem aber nach neuen Formen und Texten, steht im Kontrast zu der Erwartung an das Vertraute hinsichtlich Ablauf, Liedauswahl und Gebetstexten.

Gewiß, die durchschnittliche Häufigkeit des Gottesdienstbesuchs geht zurück und zugleich verschiebt sich der Rhythmus der Teilnahme. Dies bedeutet zum einen, daß Menschen, die bislang regelmäßig bzw. unregelmäßig in die Kirche gingen, dies nur noch selten tun. Eine große Gruppe von Christinnen und Christen geht nur noch an den hohen Festtagen in die Kirche. So hat der Gottesdienstbesuch an Weihnachten landauf, landab zugenommen. Dies mag auch damit zu tun haben, daß die Palette des gottesdienstlichen Angebots erweitert wurde. So sind die meisten Kirchengemeinden dazu übergegangen, auch sogenannte Krabbelgottesdienste für Eltern und Familien mit Kleinkindern zu feiern oder auch einen Gottesdienst spät abends, etwa um 23.00 Uhr anzubieten.

Während in der römisch-katholischen Kirche Gottesdienste nicht nur am Sonntagvormittag, sondern auch am Samstagabend die Regel sind, wird dies ebenso in evangelischen Kirchengemeinden zunehmend praktiziert. Nicht zuletzt auch deshalb, um den unterschiedlichen Bedürfnissen Rechnung zu tragen, was die Familie betrifft oder das Zeitbudget. Immer mehr Kirchengemeinden machen mit Gottesdiensten am Sonntagabend gute Erfahrungen. Vor allem bei Familien mit Kindern stößt das Angebot auf Interesse. Das Wochenende klinge nicht einfach so aus, sondern der Beginn einer neuen (Arbeits)Woche werde bewußt gestaltet, heißt es.

Die Tendenz geht von normalen zu besonders gestalteten Gottesdiensten. Wo sie angeboten werden, bleibt die Resonanz nicht aus. Gottesdienste verzeichnen also nicht grundsätzlich eine Ablehnung, wohl aber hat sich der Lebensrhythmus der Menschen verändert. Das differenzierte gottesdienstliche Gefüge – auch abseits des Sonntags – trägt den unterschiedlichen Erwartungen Rechnung. Kinder- und Jugendgottesdienste, Taizé-Andachten und -Gottesdienste, Osternachtfeiern, die vom Abend bis in die Morgenstunden dauern, politische Nachtgebete auf Kirchentagen und vieles mehr, können als willkommene Ergänzung des Gottesdienstangebots gesehen werden. Zugleich ergibt sich aus diesem differenzierten Angebot die wohl größte Herausforderung für die Kirche, die im sonntäglichen Gottesdienst den Kern gemeindlichen Lebens gesehen hat.

Wird der sogenannte Hauptgottesdienst am Sonntag zunehmend zu einer Veranstaltung für wenige? Kommt aufgrund der neuen gottesdienstlichen Angebote nur noch jeweils eine Teilgemeinde zusammen? Und was bedeutet dies für den Zusammenhalt einer Gemeinde? Wo versammelt sich noch die ganze Gemeinde? Ist dieser Anspruch überhaupt einzulösen, wenn durchschnittlich nur 5 Prozent in den Gottesdienst kommen, der Rest aber nur Weihnachten und zu anderen besonderen Anlässen?

Eines ist auch anhand von Umfragen nachzuweisen: Gerade bei jungen Leuten geht es im Blick auf den Gottesdienst nicht im Kern um die Frage »Glaube: ja oder nein?«, sondern darum, ob sie ihre religiösen Erfahrungen im Raum der Kirche sammeln. Beim Gottesdienst geht es um Kult. Aber Kulterfahrungen sammeln junge Leute heute auch außerhalb der Kirche. Musik- und Sportveranstaltungen werden mehr und mehr nach liturgischen Prinzipien gestaltet. Wenn der Gemeindegottesdienst junge Leute nicht mehr anspricht, dann bleibt der Platz des Religiösen nicht leer. Er wird mit anderen Inhalten gefüllt.

Zu fragen ist aber vor allem: *Warum ist der Gottesdienst so wichtig? Was geschieht in der Kirche? Was bedeutet es, gemeinsam zu beten, Lieder zu singen, biblische Texte zu lesen, Abendmahl miteinander zu feiern und eine Predigt zu hören?*

Die Wurzeln des christlichen Gottesdienstes

Der Gottesdienst, den Christen miteinander feiern, hat seinen Ursprung im jüdischen Gottesdienst. Zur Zeit Jesu gab es zwei Formen: den Tempelgottesdienst und den Synagogengottesdienst.

Der Tempelgottesdienst vollzog sich ausschließlich am Ort des Tempels – in Jerusalem. Der Tempel markiert das Zentrum des Volkes Israels. Gott selbst hatte zugesagt, an dieser Stätte seinen Namen wohnen zu lassen. Im Tempel fand der Opferkult statt. Damit hatte Israel einmal im Jahr am Großen Versöhnungstag die Möglichkeit, seine Sünden einzugestehen und entsühnt zu werden (3. Mose 16). Die Israeliten waren an dem Geschehen nur mittelbar beteiligt, indem sie ihre Tempelsteuer (Matthäus 17,24) entrichteten. Nach Jerusalem zog es die Pilger zu den drei Wallfahrtsfesten – Passa, Wochenfest (Pfingsten) und Laubhüttenfest.

Neben dem Tempelgottesdienst gab es für israelitische Männer seit der Zeit des babylonischen Exils den Synagogengottesdienst. Dieser ist nicht an einen besonderen Ort gebunden und konnte auch unter freiem Himmel stattfinden (Apostelgeschichte 16,13). Synagoge heißt übersetzt »Versammlung«. Sie fand meist am Sabbat statt. Strenggenommen ist der Gottesdienst in der Synagoge eine Versammlung von Laien, die ohne einen Angehörigen einer Priester- oder Levitenfamilie (Cohen bzw. Levi) stattfinden kann. Auch ein Rabbiner ist nicht erforderlich. Er ist kein Geistlicher, sondern ein Schriftgelehrter, der die Gemeinde berät und religiöse Entscheidungen fällt.

Ein jüdischer Mann hat grundsätzlich das Recht, vorzubeten, aus der Heiligen Schrift zu lesen und diese in Form einer Predigt auszulegen (Lukas 4,16-30). Sein Hauptteil kann allerdings erst beginnen, wenn mindestens zehn junge Männer über 13 versammelt sind. Die Frauen sitzen meist getrennt von den Männern.

Das Zusammentreffen in der Synagoge mag zur Zeit des babylonischen Exils als Ersatz für den Tempelkult angesehen worden sein. Aber er wurde auch nach seiner Wiederaufnahme, als das Volk Israel aus der Verbannung zurückgekehrt war, beibehalten. Die Tempelpriesterschaft sah rasch die Bedeutung der Synagogengottesdienste für das religiöse Bewußtsein der Menschen ein.

Der Synagogengottesdienst besteht aus zwei Teilen: Gebet und Schriftauslegung. Im Gebetsteil stand das »Höre, Israel« (5. Mose 6,4-9), das Bekenntnis zu Gott, im Mittelpunkt. Dazu die Gebetstexte 5. Mose 11,13-21 und 4. Mose 15,37-41. Im Schriftauslegungsteil wurde aus der Tora (fünf Bücher Mose als göttliche Lehre und Weisung) sowie aus den Prophetenbüchern vorgelesen.

Jesus hat am gottesdienstlichen Leben des Volkes Israel teilgenommen. Dies gilt für den Tempel- wie für den Synagogengottesdienst. Er dürfte mehrfach am Passafest in Jerusalem teilgenommen haben und hat auch die Tempelopfer nicht grundsätzlich abgelehnt (Matthäus 5,23f.). In Markus 1,44 wird sogar davon berichtet, daß Jesus einen von ihm geheilten Aussätzigen ausdrücklich aufforderte, im Tempel zu opfern. Das Neue Testament, etwa im Matthäusevangelium (4,23; 9,35; 12,9; 13,54), berichtet von Jesu Teilnahme an Synagogengottesdiensten bzw. davon, wie er dort lehrte und predigte.

Zugleich gibt es eine Reihe von Hinweisen, daß Jesus am jüdischen Gottesdienst Kritik übt. Zum einen handelt es sich um eine Radikalisierung, wie das Gesetz im Kern zu verstehen ist. Um seine Abschaffung geht es dabei keineswegs. Die Zuspitzung läßt sich am Beispiel von Markus 7 aufzeigen: »Es gibt nichts, was von außen in den Menschen hineingeht, das ihn unrein machen könnte; sondern was aus dem Menschen herauskommt, das ist's, was den Menschen unrein macht« (7,15). Dies bedeutet, daß der Mensch nicht schon durch äußerliche kultisch-rituelle Handlungen rein wird. Vielmehr geht es um ein ganzheitliches Verständnis, das auch nach Haltungen und Einstellungen fragt. Umkehr meint nicht nur eine äußerliche Handlung, sondern eine innere Wandlung. Jesus nimmt damit die Kritik der Propheten am Opferkult Israels auf (Jesaja 1,10-17; Psalm 50,7-23; 51,8-19). Die wohl bekannteste Kultkritik Jesu ist sein Hinweis: »Der Sabbat ist um des Menschen willen gemacht und nicht der Mensch um des Sabbats willen« (Markus 2,27). Damit meint er nicht die Abschaffung des Sabbats, sondern er will die ursprüngliche Bedeutung dieses Tages in Erinnerung rufen: dem Leben zu dienen.

Zum anderen zielt Jesu Gottesdienstkritik darauf hin, den Anbruch der Herrschaft Gottes wahrzunehmen. Gott ist seinem Volk in der Person Jesu nahegekommen. Dies ist der Anlaß für hochzeitliche Freude (Markus 2,19f.) und nicht für Fasten. Tempelbetrieb und Opferkult in ihrer bisherigen Form sind damit zu einem Endpunkt gelangt. Es geht um die Gewißheit der unmittelbaren Nähe Gottes, auf die beispielsweise Jesu Beten ausgerichtet ist. Das Vaterunser (Matthäus 6,9-13) ist das zentrale Gebet, das Jesus gelehrt hat, das eben dies zum Ausdruck bringt: Jeder einzelne darf sein Verhältnis zu Gott als ein Unmittelbares begreifen. Daher auch die persönlich-familiäre Anrede »Abba« (Vater).

Jesu Botschaft von der Nähe Gottes findet ihre Vergegenwärtigung in festlichen Mahlzeiten. Daß er sich zu den Zöllnern und Sündern, den Unreinen und Ausgestoßenen, den Menschen am Rande der Gesellschaft zuwandte, ist als Zeichen der Zuwendung Gottes zu deuten. Das gemeinsame Essen und Trinken als Vorwegnahme der zukünftigen Mahlgemeinschaft mit Gott zu begreifen. Wo immer Jesus mit Menschen zu Tisch saß, geschah Gottesdienst. Anknüpfungspunkt war das liturgische Ritual des jüdischen Festmahls mit Lob- und Segenssprüchen. Dabei ist Jesus der Gastgeber, der das Brot bricht und das Dankgebet spricht – Zeichen der Herrschaft Gottes im Hier und Jetzt.

Das letzte Mahl Jesu ist ganz im Sinne eines Festmahls zu verstehen. Vor allem aber gab er seinen Jüngern die Möglichkeit, die von ihm gewährte Mahlgemeinschaft nach seinem Tode weiterzuführen. In vier Fassungen ist das letzte Mahl Jesu im Neuen Testament überliefert (Markus 14,22-25; Matthäus 26,26-29; Lukas 22,15-20; 1. Korinther 11,23-25). Dennoch gibt es keine Möglichkeit einer Rekonstruktion der ursprünglichen Fassung. Historisch betrachtet, dürfte Jesu letztes Mahl eine Passafeier gewesen sein (Markus 14,12-16). Es fällt jedoch auf, daß in der von Jesus empfohlenen Feierstruktur alle Bezüge zu einem Passamahl fehlen (Mazzen, Lamm, Bitterkräuter), auch hinsichtlich der Liturgie. Vielmehr knüpft Jesus allgemein an das jüdische Festmahl an. Das Brechen des Brotes eröffnet jede Hauptmahlzeit. Jesu Deutung, die er hinzufügt, geht freilich über die Festmahlpraxis hinaus. Ebenso verhält es sich mit dem Segenswort über dem Becher zum Abschluß des Mahles. Dieses gehört zum Festmahl, doch die Deutung ist neu.

Der christliche Gottesdienst in seinem Verhältnis zum jüdischen Gottesdienst

Die jüdischen Wurzeln des christlichen Gottesdienstes sind unverkennbar. Sie zeigen sich in den feststehenden Gebeten und Gebetsformeln wie »Amen«, »Halleluja« oder »Hosianna«, im Psalmengebet, im Dreimal Heilig (Jesaja 6,3), den Schriftlesungen, der Predigt und dem aaronitischen Segen (4. Mose 6,24-26). Auch die Form des Abendmahls mit Segnung und Austeilung von Brot und Wein geht auf jüdische Mahlfeiern zurück.

Gemeinsame christlich-jüdische Gottesdienste sind vom gemeinsamen Ursprung her aus christlicher Perspektive grundsätzlich möglich. Christen und Juden wenden sich zwar an Gott, doch sind sie durch den Glauben an Jesus Christus getrennt. Eine so grundlegende Unterscheidung kann man nicht übergehen. Gemeinsame Gottesdienste bedürfen daher sorgfältiger Vorbereitung. Unproblematisch ist hingegen die Einladung eines jüdischen Kantors oder Rabbiners in einen christlichen Gottesdienst bzw. das Grußwort eines Christen in einem jüdischen Gottesdienst.

Die Liturgie

Das griechische Wort Liturgie (»leiturgia«) ist zusammengesetzt aus »laos« = Volk und »ergon« = Werk. Es bedeutet Dienstleistung, den Dienst der Verehrung, den wir Gott schulden. Wer einen evangelischen Gottesdienst besucht, kommt in der Regel, weil er eine (hoffentlich ansprechende) Predigt hören möchte. Liturgie meint in erster Linie Gebet. Der Gottesdienstbesucher ist Hörender, Empfangender, Feiernder, aber auch Betender, Gott Anbetender. Alle Beteiligung am Gottesdienst ist zu verstehen als Antwort auf das, was Gott an uns getan hat (Psalm 66,16).

Christen kommen zum Gottesdienst insbesondere am Sonntag zusammen. Sie gedenken an diesem Tag der Auferstehung Jesu. Dabei ruft sich die Gemeinde nicht nur das heilbringende Wirken Gottes in der Vergangenheit in Erinnerung, sondern bringt ihre Hoffnung auf Gottes Handeln in Gegenwart und Zukunft zum Ausdruck.

Der Gottesdienst ist als Feier des christlichen Glaubens zu verstehen. Evangelium (griechisch »euangelion«) heißt »gute Botschaft«. Darunter versteht man die Heilsbotschaft vom gekreuzigten und auferstandenen Jesus Christus, durch den Gott die Welt mit sich versöhnt hat (1. Korinther 15,1-11; 2. Korinther 5,19-21).

Das gottesdienstliche Geschehen bietet etwas für die Sinne. Für das Auge (Lukas 10,23; Johannes 1,14), für den Tastsinn (Johannes 20,27; 1. Johannes 1,1) und für den Geschmackssinn (Psalm 34,9; Lukas 14,24; Johannes 6,30ff.. 48-54).

Ursprünglich, so läßt sich ganz allgemein sagen, war jeder Gottesdienst ein Abendmahlsgottesdienst. Erst im 18. und 19. Jahrhundert wurde diese enge Klammer aufgebrochen und in der evangelischen Kirche eine Richtung eingeschlagen, die den Gottesdienst als Predigtgottesdienst übrigließ. Abendmahl wurde nur noch zu besonderen Gelegenheiten gefeiert. Erst seit wenigen Jahren wird in der evangelischen Kirche wieder versucht, dem Abendmahl mehr Gewicht zu geben. Seine selbstverständliche Integration in die Liturgie ist noch längst nicht wiedergegeben, denn noch immer wird in manchen Gemeinden die Feier des Abendmahls als Anhängsel betrachtet. Wer nicht daran teilnehmen will, hat die Möglichkeit, den Gottesdienst vorher zu verlassen. Dabei wäre es durchaus sinnvoll zu bleiben, denn wer geht, schwächt die Gemeinschaft. Nicht teilzunehmen bedeutet nicht automatisch, das Gotteshaus verlassen zu müssen.

Die Ordnung des evangelischen Gottesdienstes

Die Struktur eines Gottesdienstes ist in einer Agende festgelegt. Nach herkömmlichem Verständnis ordnet sie, was zu tun ist. Eine der umfassendsten Gottesdienstreformen im evangelischen Raum kam 1999 zum Abschluß. Das »Evangelische Gottesdienstbuch« wurde eingeführt. Es ist das erste gemeinsame Gottesdienstbuch der Evangelischen Kirche der Union (EKU) und der Vereinigten Evangelisch-Lutherischen Kirche Deutschlands (VELKD) zur Gestaltung der Gottesdienste an Sonn- und Feiertagen. Es löst die in beiden Zusammenschlüssen geltenden Agenden aus den Jahren 1955 und 1959 ab.

Folgende Kriterien sind bei der Erarbeitung einer erneuerten Agende berücksichtigt worden:

- Für die Feier des Gottesdienstes ist die ganze Gemeinde verantwortlich. Dem entspricht, daß Gemeindeglieder an ihr beteiligt sind und es sich nicht um eine Soloveranstaltung des Pfarrers oder der Pfarrerin handelt.
- Der Gottesdienst orientiert sich an einer Grundstruktur, die Freiraum läßt für Gestaltungsmöglichkeiten.
- Texte aus der Gegenwart haben darin ebenso ihren Stellenwert wie Texte aus der Tradition.
- Der Gottesdienst ist ökumenisch ausgerichtet und kann auch liturgische Elemente anderer Konfessionen aufnehmen.
- Der Gottesdienst versteht sich als Feier von Männern und Frauen, Jungen und Alten sowie ganz unterschiedlichen Gruppierungen in der Kirche. Deshalb ist in der sprachlichen Gestaltung darauf zu achten, daß niemand ausgegrenzt wird.
- Der Gottesdienst zielt nicht nur auf eine intellektuelle Ansprache der Besucherinnen und Besucher, sondern ist auf alle Sinne ausgerichtet.
- Daß die Wurzeln des Christentums im Judentum liegen, äußert sich auch im Gottesdienst in der Verbundenheit mit dem Volk Israel.

Seit der Reformation haben sich zwei Grundformen des evangelischen Gottesdienstes herausgebildet, auf die auch das Evangelische Gottesdienstbuch Bezug nimmt:
- der Gottesdienst mit Predigt und Abendmahl (Grundform I): Seine Struktur läßt sich bis in die Alte Kirche zurückverfolgen. Sie liegt dem lutherischen, anglikanischen, römisch-katholischen sowie dem englischsprachigen Gottesdienst der Reformierten und der evangelischen Freikirchen zu Grunde und ist somit ein Zeichen übergreifender ökumenischer Gemeinschaft.
- Der Predigtgottesdienst – ohne Abendmahl (Grundform II): Dieser hat sich in den Städten Südwestdeutschlands im späten Mittelalter entwickelt.

Die idealtypische Form eines Gottesdienstes besteht aus vier Abschnitten:

- Eröffnung und Anrufung
- Verkündigung und Bekenntnis
- Abendmahl
- Sendung und Segen

Das Kirchenjahr

Das Kirchenjahr orientiert sich nicht am Kalenderjahr, sondern beginnt mit dem 1. Advent und endet mit dem Ewigkeitssonntag. Jeder Gottesdienst nimmt auf das Kirchenjahr Bezug. Das ist beispielsweise an den liturgischen Farben der Altar- und Kanzelbekleidung festzustellen. Adventszeit – violett; Weihnachten und Weihnachtszeit – weiß; Epiphanias (6. Januar) – weiß; Epiphaniaszeit – grün; letzter Sonntag nach Epiphanias – weiß; vor der Passionszeit – grün; Passionszeit – violett; Gründonnerstag – weiß; Karfreitag und Karsamstag – schwarz (auch violett möglich); Ostern- und Osterzeit – weiß; Pfingsten – rot; Trinitatis – weiß; Sonntage nach Trinitatis – grün. Dieser Farbenkanon ist erst im Mittelalter entstanden.

Auch das »Evangelische Gesangbuch« enthält Sammlungen von Liedern zu den Abschnitten des Kirchenjahres, darüber hinaus u.a. für Taufe, Konfirmation, Trauung und Beerdigung sowie zu den Tageszeiten (Morgen, Mittag, Abend) und bestimmten Themen (Lob und Dank, Rechtfertigung und Zuversicht, Angst und Vertrauen, Erhaltung der Schöpfung, Frieden, Gerechtigkeit; Natur und Jahreszeiten, Reisen).

Zudem sind auch die biblischen Lesungen auf das Kirchenjahr ausgerichtet.

Der Ablauf des evangelischen Gottesdienstes

Die Struktur im Überblick

- Eröffnung und Anrufung
  Orgelvorspiel
  Eingangslied
  Begrüßung
  Sündenbekenntnis
  Psalm
  Ehre sei dem Vater (Gloria patri)
  Herr, erbarme dich (Kyrie)
  Ehre sei Gott (Gloria)
  Salutatio
  Tagesgebet

- Verkündigung und Bekenntnis
  Lesungen aus der Bibel
  Glaubensbekenntnis
  Wochenlied
  Predigt
  Predigtlied
  Abkündigungen
  Fürbittengebet

- Abendmahl
  Lobgebet (Präfation)
  Dreimalheilig (Sanctus)
  Einsetzungsworte
  Christuslob
  Vaterunser
  Friedensgruß
  Lamm Gottes (Agnus Dei)

Austeilung
Danksagung
Dankgebet

– Sendung und Segen
(Wird kein Abendmahl gefeiert:
Fürbittengebet
Vaterunser)
Segen
Lied
Musik zum Ausgang

Die Struktur im einzelnen

Vor dem Gottesdienst

Glockenläuten

Wann immer der Klang von Glocken erklingt – beim Morgen-, Mittag- oder Abendläuten –, dann soll dies Menschen an Gott erinnern. Alle Kirchenglocken sind geweiht, also in den Dienst Gottes gestellt worden. In der Regel läuten sie eine halbe bzw. eine Viertelstunde vor Beginn des Gottesdienstes. Damit sollen Menschen zum Kirchgang eingeladen werden und sich auf dem Weg zum Gotteshaus auf den bevorstehenden Gottesdienst einstimmen lassen können. Das letzte Mal läuten die Glocken unmittelbar vor Beginn des Gottesdienstes. Wer nicht zum Gottesdienst geht, der wird daran erinnert, daß sich Menschen in der Kirche versammeln. Und wenn zum Vaterunser nur eine Glocke läutet, dann ist dies die Einladung, mitzubeten. Sie reicht über die Gottesdienstgemeinde hinaus.

Wer zum Gottesdienst kommt, hat die bewußte Entscheidung getroffen, sich aus dem Alltagsgeschehen herauslösen zu lassen. Für viele Generationen vor uns vermittelte der Kirchenbau einen Vorgeschmack auf das Reich Gottes. In der Kirche begegnen wir dem Ewigen in der Zeit. Wer die Kirche zum Gottesdienst betritt, steht vor der Frage, wo er Platz nehmen soll. Die ersten Reihen sind meist für Konfirmandinnen und Konfirmanden reserviert oder – wenn eine Taufe im Gottesdienst stattfindet – für die betreffenden Familien. Der eine bevorzugt den Platz mit direktem Blick zur Kanzel, der andere den Überblick aus den hinteren Reihen über den gesamten Kirchenraum. Wieder andere suchen die Nähe zu einem besonders schönen Kirchenfenster. Bevor Menschen Platz nehmen, verharren sie stehend in Gebetshaltung am Eingang oder in der Kirchenbank. In einem stillen Augenblick geht es darum, sich in der nächsten Stunde ganz Gott öffnen zu wollen, auf sein Wort zu hören, ihm für die vergangene Woche zu danken und um seinen Segen für die kommenden Tage zu bitten.

Viele Menschen falten die Hände, nehmen die Gebetshaltung ein, um sich zu konzentrieren. Andere legen die Hände flach aneinander, was an Kinder erinnert, die geradezu flehentlich etwas erbitten. Eine weitere Gebetshaltung ist es, die Hände nach oben geöffnet seitlich vom Körper weg zu heben (1. Timotheus 2,8). Diese Geste wird in evangelischen Gottesdiensten selten gebraucht, meist nur vom Pfarrer zu Beginn der Abendmahlsliturgie (»Die Herzen in die Höhe«). Wir öffnen uns Gott und sehen uns als Empfangende.

Eröffnung und Anrufung

Orgelvorspiel

Unmittelbar nach dem letzten Glockenschlag setzt das Orgelvorspiel ein. Orgelmusik dient nicht in erster Linie der besonders feierlichen Ausgestaltung des Gottesdienstes, auch wenn es die Menschen oft so empfinden. Vielmehr will sie den Gesang der Gemeinde verstärken. Das Vorspiel führt auf das Eingangslied hin. An die Stelle des Orgelvorspiels können auch Chorgesang oder Instrumentalmusik treten.

Auch die Orgel dient der Verkündigung. Ihr dienender Charakter wird an manchen Orgeln auch durch eine Inschrift wie die folgende zum Ausdruck gebracht: »Ecce ancilla domine« (Siehe, ich bin des Herrn Magd.) Dieses Wort ist aus Lukas 1,38. Maria sieht sich als Dienerin Gottes, indem sie Jesus zur Welt bringt.

Eingangslied

Von Beginn an war die christliche Gemeinde eine singende Gemeinde. Sie tat dies in der Tradition Jesu, der Psalmen sang und den Lobgesang praktizierte (Matthäus 11,25; Markus 14,26). Das Psalmwort »Singet dem Herrn ein neues Lied, denn er tut Wunder« (Psalm 98,1) weist auf eine stetige Ausweitung des Liedgutes hin und auf den Grund für das immer neue Dichten und Komponieren. Das erste Gesangbuch der Christen waren die Psalmen, Lieder, in denen Lob und Dank, Klage und Verzweiflung zum Ausdruck kamen. Der hohe Stellenwert des Singens kommt auch in einem Wort des Kirchenvaters Augustinus zum Ausdruck: »Wer singt, betet doppelt.«

Als ältestes Lied des Alten Testamentes gilt das Mirjamlied (2. Mose 15,21): »Und Mirjam sang ihnen vor: Laßt uns dem

Herrn singen, denn er hat eine herrliche Tat getan, Roß und Mann hat er ins Meer gestürzt.« Mirjam, die Schwester Aarons, erinnert in diesem Lied an die Befreiung des Volkes Israel aus der Knechtschaft in Ägypten.

Auch im Neuen Testament finden sich Lieder: der Lobgesang Marias (Lukas 1,46-55) sowie Christuslieder und –hymnen. Der älteste ist in Philipper 2,5-11 nachzulesen (dazu Kolosser 1,15-20; Hebräer 2,5-18).

Das heute im Gebrauch befindliche »Evangelische Gesangbuch« (in der katholischen Kirche das »Gotteslob«) präsentiert eine Fülle von bedeutenden Liederdichtern. Der bedeutendste unter ihnen ist Paul Gerhardt, der zur Zeit des Dreißigjährigen Krieges lebte. Auch Liederdichter unserer Zeit haben in das Gesangbuch Eingang gefunden: zum Beispiel Jochen Klepper und Dietrich Bonhoeffer, Klaus-Peter Hertzsch und Lothar Zenetti.

Wer das Liedgut näher untersucht, wird feststellen, daß es weithin ökumenischen Charakter trägt. So sind etwa Lieder Martin Luthers auch im katholischen Gesangbuch zu finden.

Das Eingangslied dient der Einstimmung in den Gottesdienst. Es nimmt noch nichts vom Thema der Predigt vorweg, sondern spricht Empfindungen und Erwartungen an, kann beispielsweise auf den Morgen oder auf die Jahreszeit Bezug nehmen.

Begrüßung

Ist die feierliche Eröffnung des Gottesdienstes nicht schon zwischen Orgelvorspiel und Eingangslied erfolgt, so hat sie hier ihren Platz. In evangelischen Gottesdiensten hat es sich inzwischen durchgesetzt, mit folgender Formel zu beginnen: »(Wir beginnen diesen Gottesdienst) Im Namen des Vaters und des Sohnes und des Heiligen Geistes.« Und die Gemeinde antwortet mit »Amen«. Damit soll deutlich werden, wer der eigentliche Gastgeber ist: Gott. Unterbleibt diese Form der Begrüßung, tritt letztlich der Pfarrer/die Pfarrerin an die Stelle Gottes als Gastgeber.

Als Fortsetzung des liturgischen Grußes hat sich die eröffnende Gebetsformel in vielen Gemeinden durchgesetzt: »Unsere Hilfe steht im Namen des Herrn, der Himmel und Erde gemacht hat« (Psalm 124,8). Christen verstehen sich als Menschen, die der Hilfe – Gottes – bedürfen. »Im Namen des Herrn« heißt, darauf zu vertrauen, daß einem diese Hilfe zuteil wird. Es gibt keine größere Macht als Gott, denn er ist der Schöpfer. Von Beginn des Gottesdienstes an wird deutlich, daß nicht der Mensch sich selbst in den Mittelpunkt rückt, der sich ganz auf seine eigenen Möglichkeiten, Fähigkeiten, seine Kompetenz und seine Erfahrungen verläßt. Gottesdienst heißt nichts anderes, als sein eigenes Leben in Beziehung zu Gott zu setzen und aus ihr Einstellungen und Engagement zu gestalten.

Daran kann sich ein Psalm anschließen, den der Liturg/die Liturgin allein oder im Wechsel mit der Gemeinde spricht.

Als Abschluß bietet sich eine persönlich gehaltene Begrüßung aller Anwesenden. Sie darf herzlich, auch überschwenglich ausfallen, weil es darum geht, die »große Freude« zu verkündigen, »die allem Volke widerfahren wird« (Lukas 2,10), nicht etwa nur »soll« oder »sollte«. Die Menschenfreundlichkeit Gottes zu betonen, müßte das Ziel einer jeden Begrüßung im Gottesdienst sein. Zugleich können Hinweise zum Verlauf des Gottesdienstes und auch zur Kollekte (Geldspenden im Gottesdienst) gegeben werden.

Sündenbekenntnis

In dem folgenden Text wird deutlich, was im Gottesdienst geschieht: »Wir sind hier versammelt, um miteinander Gottes Wort zu hören, ihn in Gebet und Lob anzurufen.«

Gott spricht zur versammelten Gemeinde nicht nur in den biblischen Lesungen oder in der Auslegung des Bibeltextes, sondern auch in den Liedern und Gebeten. Wer sich von Gott ansprechen, buchstäblich »den Spiegel vorhalten« läßt und sein Leben, seine Gedanken und sein Handeln im Lichte der Bibel betrachtet, wird sehr schnell feststellen, daß menschliches Tun nicht frei von Sünde und Schuld ist.

Deshalb setzt das Bekenntnis fort: »Vor Gott erkennen wir, daß wir gesündigt haben in Gedanken, mit Worten und in dem, was wir getan haben. Aus eigener Kraft können wir nicht frei werden. Darum sehen wir auf Christus und beten: Gott sei mir Sünder gnädig.«

Es geht um einen Neuanfang, um Erneuerung unseres ganzen Lebens, des Denkens und des Handelns. Das betrifft nicht nur den einzelnen, sondern meint ihn auch als Teil der Gemeinde. Christsein ist im Grunde ohne Gemeinde, ohne in eine Gemeinschaft eingebunden zu sein, nicht möglich. Und diese Erneuerung ist kein einmaliges Geschehen, sondern ein lebenslanger Prozeß. Diesen Gedanken hat Martin Luther in der ersten seiner 95 Thesen aufgenommen: »Da unser Herr und Meister Jesus Christus spricht: ›Tut Buße‹ usw. (Matthäus 4,17), hat er gewollt, daß das ganze Leben der Gläubigen Buße sein soll.«

Die Gemeinde antwortet mit dem Liturgen/der Liturgin: »Der allmächtige Gott erbarme sich unser. Er vergebe uns unsere Sünden und führe uns zum ewigen Leben. Amen.«

Nach der Bitte zu Gott um Vergebung der Sünden überbringt der Liturg/die Liturgin den Zuspruch Gottes: »Der barmherzige Gott hat sich unser erbarmt. Jesus Christus ist für uns gestorben. Durch ihn vergibt uns Gott und macht uns zu seinen Kindern. Wer da glaubt und getauft wird, der wird selig werden. Das gebe Gott uns allen.«

Natürlich kann an Stelle des genannten Bekenntnisses auch ein anderer Text gesprochen werden.

Alle Gebete schließen mit »Amen«. Das aus dem Hebräischen stammende Wort heißt soviel wie »wahrlich«, »wahrhaftig«, »ja, so soll es sein«, »so möge es sich erfüllen«, »so ist es«. Dabei handelt es sich um einen Ruf der Bestätigung, nicht um eine Art formalen Abschluß. Die Gemeinde macht sich mit dem »Amen« jedes Gebet zu eigen. Es sollte daher immer von allen und nicht nur vom Pfarrer gesprochen werden.

Psalm

Wird nicht schon im Rahmen der Begrüßung ein Psalm gesprochen, dann hat er hier seinen Ort. Das lateinische Wort »Introitus« heißt Eingang, Eintritt. Hierbei handelt es sich um einen Bestandteil des Gottesdienstes, der schon in der Alten Kirche gebräuchlich war. Der Begriff deutet darauf hin, daß der Psalm beim Einzug in die Kirche gesungen worden sein könnte. Entweder singt der Pfarrer den Introitus im Wechsel mit der Gemeinde, oder ein liturgischer Chor singt ihn – allein, d.h. zweigeteilt, bzw. im Wechsel mit der Gemeinde. Die Introiten wechseln nicht von Woche zu Woche, sondern werden mehrere Sonntage hintereinander gesungen. Sie orientieren sich an der Einteilung des Kirchenjahres.

Im Grunde sollten die Psalmen in jedem Gottesdienst ihren Platz haben. Sie waren das Gebet- und Gesangbuch Jesu, in dem er zuhause war (Matthäus 26,30; 27,46; Lukas 23,46; Johannes 13,18; 15,25; 19,24). Dies gilt auch für seine Jünger und die Apostel (Apostelgeschichte 2,25; 4,25f.; Römer 15,9; Hebräer 3,7). Die Psalmen – Luther hat sie »eine kleine Bibel« genannt – sind auch aus dem Leben der frühen Christenheit nicht wegzudenken. In Orden und klösterlichen Gemeinschaften werden sie bis heute gesungen. Wem die eigenen Worte zum Beten fehlen, für den können die Psalmen eine wertvolle Artikulationshilfe darstellen.

Gloria patri

Auf den Introitus folgt das »Gloria patri« (deutsch: »Ehre sei dem Vater«). Das sogenannte kleine Gloria wird auch dann an dieser Stelle gesungen, wenn der Introitus wegfällt. Der vollständige Wortlaut: »Ehre sei dem Vater und dem Sohne und dem Heiligen Geiste. Wie es war im Anfang (wörtlich übersetzt: wie »sie« war, nämlich die Verehrung Gottes), jetzt und immerdar und von Ewigkeit zu Ewigkeit. Amen.« Seit 1971 wird in den deutschsprachigen Kirchen der Text in ökumenischer Fassung wie folgt gesungen: »Ehre sei dem Vater und dem Sohn und dem Heiligen Geist, wie im Anfang so auch jetzt und alle Zeit in Ewigkeit. Amen.« In der Karwoche entfällt es. Als bekennender Lobpreis (Doxologie) wurde das Gloria den Psalmen seit dem 7. Jahrhundert angefügt. Ähnliche Doxologien: Psalm 41,14; 106,48).

Das Gloria patri in seiner trinitarischen Ausrichtung auf Gott Vater, Sohn und Heiligen Geist zeigt, daß damit die Psalmen eine Deutung von Christus her erfahren haben. Dies ist auch an der Vielzahl der alttestamentlichen Zitate festzustellen, die sich in den Schriften des Neuen Testamentes finden. Wo immer etwas aus dem Alten Testament aufgenommen wird, geschieht dies im Lichte des Lebens, Leidens und Sterbens Jesu sowie seiner Auferweckung. Christen sehen in Jesus den erwarteten und in den alttestamentlichen Texten angekündigten Messias. Für Juden hat Jesus hingegen diese Bedeutung nicht.

Kyrie

Das griechische Wort »Kyrios« heißt »Herr«. »Kyrie eleison« – »Herr, erbarme dich« (Matthäus 15,22). Seinen ursprünglichen Sitz im Leben hatte dieser Ausruf dort, wo der römische Kaiser begrüßt wurde. Wenn Christen Jesus als ihren Herrn bekannten, dann war dies eine Botschaft mit politischer Wirkung. Weltlichen Herrschern wurde die göttliche Verehrung, die diese für sich reklamierten, versagt. Das Kyrie bringt die Verehrung Gottes zum Ausdruck, der als Schöpfer der Welt alle Macht ausübt. Heute wird das Kyrie als Sündenbekenntnis verstanden. Wer im Gottesdienst mit diesem Ruf vor Gott tritt, spürt die Bedingtheit und Unzulänglichkeit des eigenen Tuns und erbittet auf diese Weise das, was er sich selbst nicht geben und zusprechen kann.

Die Kyrie-Rufe werden im Wechsel mit der Gemeinde gesungen:
Liturg/Liturgin: Kyrie eleison.
Gemeinde: Herr, erbarme dich.
Liturg/Liturgin: Christe eleison.
Gemeinde: Christe, erbarme dich.
Liturg/Liturgin: Kyrie eleison.
Gemeinde: Herr, erbarm dich über uns.

Gloria

Das »Ehre sei Gott in der Höhe«, so die deutsche Übersetzung, wurde in Anlehnung an Lukas 2,14 gesungen. Der ursprüngliche Wortlaut in der Übersetzung Luthers: »Ehre sei Gott in der Höhe und auf Erden Fried, den Menschen ein Wohlgefallen.« Die ökumenische Fassung der gemeinsamen Übersetzung der deutschsprachigen Kirchen von 1972 lautet: »Ehre sei Gott in der Höhe und Friede auf Erden den Menschen seiner Gnade.« Den ersten Teil singt der Liturg/die Liturgin, den zweiten die Gemeinde.

Schon in der Alten Kirche wurde das sogenannte große Gloria (»Laudamus« – »Wir loben«) angeschlossen (»Evangelisches Gesangbuch« 180,1): »Wir loben dich, wir preisen dich, wir beten dich an, wir preisen dich, wir sagen dir Dank um deiner großen Ehre willen, Herr Gott, himmlischer König, Gott, allmächtiger Vater, Herr, eingeborner Sohn, Jesu Christe, du Allerhöchster. Herr Gott, Lamm Gottes, ein Sohn des Vaters, der du hinnimmst die Sünd der Welt: erbarm dich unser; der du hinnimmst die Sünd der Welt: nimm an unser Gebet; der du sitzest zur Rechten des Vaters: erbarm dich unser. Denn du allein bist heilig, du bist allein der Herr, du bist allein der Höchste, Jesu Christe, mit dem Heilgen Geist in der Herrlichkeit Gott des Vaters. Amen.«

Dieser Lobpreis entfaltet noch einmal, daß Gott allein Verehrung gebührt. In den Gottesdiensten hat sich als alternativer Gesang Lied 179,1 aus dem »Evangelischen Gesangbuch« weithin durchgesetzt. Meist wird die erste Strophe gesungen: »Allein Gott in der Höh sei Ehr und Dank für seine Gnade. Darum, daß nun und nimmermehr uns rühren kann kein Schade. Ein Wohlgefalln Gott an uns hat. Nun ist groß Fried ohn Unterlaß. All Fehd hat nun ein Ende.«

Salutatio

Das lateinische Wort »Salutatio« (»Gruß«) bezeichnet den Wunsch »Der Herr sei mit euch« sowie die Antwort der Gemeinde »und mit deinem Geist«. Im Rahmen der Liturgie kommt darin der Wunsch nach Heil zum Ausdruck. Es handelt sich also nicht um eine herkömmliche Begrüßung wie zu Beginn des Gottesdienstes. Der Liturg/die Liturgin und die Gemeinde betonen in dem Gruß die gegenseitige persönliche Fürbitte und Segnung.

»Der Herr sei mit euch« – dieser Gruß begegnet uns im Alten wie im Neuen Testament: Richter 6,12; Ruth 2,4, Chronik 15,2; Lukas 1,28; 2. Thessalonicher 3,16. Er wurde von Jesus und den Aposteln gebraucht. In diesem Gruß wird die Gegenwart des Herrn zugesprochen. Und auch die Antwort »und mit deinem Geist« ist aus dem Neuen Testament bekannt: Galater 6,18; Philemon 25; 2. Timotheus 4,22. Unter den Gemeindegliedern wird als Antwort oft gesungen: »und mit *seinem* Geist«. Dies bedeutet jedoch, daß Gott nur die Gemeinde mit seinem Geist begleiten möge. Der Liturg ist davon dann ausgenommen.

An dieser Stelle taucht erstmals in der Liturgie die persönliche Anrede auf. Dies ist kein Akt der Unhöflichkeit, auch nicht der Anbiederung, sondern Ausdruck des Gemeinschafts- und Zusammengehörigkeitsgefühls, das unter Christen gelten sollte. Würde man die liturgischen Stücke entsprechend umformulieren: »Der Herr sei mit Ihnen – und mit Ihrem Geist«, so würde weniger die Zusammengehörigkeit als vielmehr die Distanz betont.

Tagesgebet

Nach dem Gruß wird die Gemeinde aufgefordert: »Laßt uns beten.« Die Gebetstexte sollen sich bewußt am Kirchenjahr orientieren. Dieses Gebet trägt auch den Namen Kollektengebet. Damit ist nicht gemeint, daß die Kollekte, eine freiwillige Spende, eingesammelt wird. Dies ist später im Gottesdienst der Fall. Kollekte meint aber insofern Sammlung, weil dieses Gebet im Kern eine Zusammenfassung der Gebete der Gläubigen darstellt, ihre Bitten auf den Punkt bringt und um Kürze und Prägnanz bemüht ist. Es folgt dem Schema Anrede (»Initium«), Bitte (»Oratio«) und Schluß (»Conclusio«). Der Abschluß – »Dies bitten wir dich durch Jesus Christus, unsern Herrn, der mit dir und dem Heiligen Geist lebt und regiert von Ewigkeit zu Ewigkeit. Amen« – nennt noch einmal den, in dessen Namen sich die christliche Gemeinde versammelt.

Schriftlesungen

Der Gottesdienst dient der Begegnung mit den Schriften des Alten und Neuen Testamentes. An erster Stelle steht eine alttestamentliche Lesung. An zweiter Stelle steht die Lesung der Epistel. Das griechische Wort ins Deutsche übersetzt heißt »Brief«. Die dritte Lesung erfolgt aus den Evangelien. Evangelium (griech. »euangelion«) bedeutet gute Nachricht, frohe Botschaft. Daß die Evangelienlesung nicht am Anfang steht, hat darin ihren Grund, daß die Bibel Jesu unser Altes Testament war. Und daß die Epistel vor dem Evangelium gelesen wird, hängt damit zusammen, daß die neutestamentlichen Briefe vor den Evangelien verfaßt wurden, sie also der Urgemeinde als erstes zur Verfügung standen. Andererseits kann man die Abfolge auch so deuten, daß mit den Lesungen ein Weg beschritten wird, an dessen Ende – aus christlicher Sicht – die wichtigste Botschaft steht: das Evangelium.

Alttestamentliche Lesungen werden vielerorts weggelassen. Sie verstärken das Vorurteil, beim Alten Testament handle es sich um alte, also heute nicht mehr bedeutsame Texte. Dem kann man nur entgegnen, daß es sich bei den fünf Büchern Mose, bei den Psalmen, bei den prophetischen Texten um die Literatur handelte, die Jesus las. Das Alte Testament ist das Buch, das Christen mit Juden gemeinsam haben.

Lesungen werden im Gottesdienst nicht vom Altar aus gehalten, sondern von einem Lesepult. Der Altar ist der Tisch des Herrn, der Ort, an dem die Gebete vor Gott gebracht werden. Auf dem Lesepult liegt ein Lektionar, in dem die Texte nach einer festgelegten Ordnung für den jeweiligen Sonntag im Kirchenjahr aufgeführt sind. In der Alten Kirche war auch die sogenannte lectio continua, die zusammenhängende Lesung, gebräuchlich, die die Bibel von Anfang bis Ende Abschnitt für Abschnitt zu Gehör brachte.

Alttestamentliche Lesung

Wird ein Text aus dem Alten Testament vorgetragen, folgt auf ihn das Wochenlied. Bleibt die Lesung weg, wird das Lied der Woche vor der Predigt gesungen. Die Lesung wird mit dem Hinweis »Worte der Heiligen Schrift« beendet, worauf die Gemeinde antwortet: »Gott sei Lob und Dank.«

Epistel

Die Lesung aus den Briefen der Apostel endet mit »Worte der Heiligen Schrift« und die Gemeinde antwortet: »Gott sei Lob und Dank.« Danach wird das »Halleluja« gesungen. Die hebräische Übersetzung lautet »Gelobt sei Jahwe« – und mit Jahwe ist Gott gemeint. In der Passionszeit und an Bußtagen fällt es weg.

Evangelium

Nach der Ansage des Evangeliums singt die Gemeinde »Ehre, sei dir Herr«, nach Abschluß »Lob sei dir, Christus«. Das Eingangsvotum macht der Gemeinde die Gegenwart ihres Herrn bewußt (Matthäus 18,20). Und am Ende steht der Dank für das Wort.

Glaubensbekenntnis

Das Glaubensbekenntnis der Christen wird Credo (»ich glaube«) genannt. Es drückt den Grund ihres Glaubens aus, was für sie verbindlich ist. Die Bekenntnisbildung, die verbindliche Festlegung auf zentrale Sätze des christlichen Glaubens, war ein langwieriger Prozeß. Als maßgebliches Glaubensbekenntnis hat sich aus einer Vielzahl örtlicher Bekenntnisse seit dem 4. Jahrhundert das Bekenntnis von Nizäa-Konstantinopel (325), das »Nizänum«, durchgesetzt. In den orthodoxen Kirchen eröffnet es den Abendmahlsteil. In der westlichen Kirche markiert es seit dem 12. Jahrhundert den Abschluß der Lesungen. Das Nizänum ist das eigentlich ökumenische Glaubensbekenntnis:

Wir glauben an den einen Gott,
den Vater, den Allmächtigen,
der alles geschaffen hat,
Himmel und Erde,
die sichtbare und die unsichtbare Welt.

Und an Jesus Christus,
Gottes eingeborenen Sohn,
aus dem Vater geboren vor aller Zeit:
Gott von Gott, Licht vom Licht,
wahrer Gott vom wahren Gott,
gezeugt, nicht geschaffen,
eines Wesens mit dem Vater;
durch ihn ist alles geschaffen.
Für uns Menschen und zu unserm Heil
ist er vom Himmel gekommen,
hat Fleisch angenommen
durch den Heiligen Geist
von der Jungfrau Maria
und ist Mensch geworden.
Er wurde für uns gekreuzigt
unter Pontius Pilatus,
hat gelitten und ist begraben worden,
ist am dritten Tage auferstanden
nach der Schrift
und aufgefahren in den Himmel.
Er sitzt zur Rechten des Vaters
und wird wiederkommen in Herrlichkeit;

zu richten die Lebenden und die Toten;
seiner Herrschaft wird kein Ende sein.

Wir glauben an den Heiligen Geist,
der Herr ist und lebendig macht,
der aus dem Vater und dem Sohn hervorgeht,
der mit dem Vater und dem Sohn
angebetet und verherrlicht wird,
der gesprochen hat durch die Propheten,
und die eine, heilige,
allgemeine und apostolische Kirche.
Wir bekennen die eine Taufe
zur Vergebung der Sünden.
Wir erwarten die Auferstehung der Toten
und das Leben in der kommenden Welt.
Amen.

Zwar gilt das Nizänum als das ökumenische Glaubensbekenntnis schlechthin, doch wird in den orthodoxen Kirchen im dritten Abschnitt nur bekannt: »der aus dem Vater hervorgeht«. Die Hinzufügung »und dem Sohn« (filioque) ist in der westlichen Kirche erst im letzten der sieben Ökumenischen Konzile erfolgt. Diese Hinzufügung wird von den Orthodoxen abgelehnt. In Gottesdiensten mit orthodoxen Christen kann man darauf Rücksicht nehmen.

Das Apostolische Glaubensbekenntnis (Apostolicum) gilt als leichter einprägsame Fassung zentraler Glaubenssätze. Seinen Namen hat das Apostolicum nach einer alten Legende, wonach jeder der zwölf Apostel einen Satz beigesteuert haben soll.

Ich glaube an Gott,
den Vater, den Allmächtigen,
den Schöpfer des Himmels und der Erde,

und an Jesus Christus,
seinen eingeborenen Sohn, unsern Herrn,
empfangen durch den Heiligen Geist,
geboren von der Jungfrau Maria,
gelitten unter Pontius Pilatus,
gekreuzigt, gestorben und begraben,
hinabgestiegen in das Reich des Todes,
am dritten Tage auferstanden von den Toten,
aufgefahren in den Himmel;
er sitzt zur Rechten Gottes,
des allmächtigen Vaters;
von dort wird er kommen
zu richten die Lebenden und die Toten.
Ich glaube an den Heiligen Geist,
die heilige christliche Kirche,
Gemeinschaft der Heiligen,
Vergebung der Sünden,
Auferstehung der Toten
und das ewige Leben.
Amen.

Die lateinische Wendung »sanctam ecclesiam catholicam« wird von Konfession zu Konfession unterschiedlich übersetzt. In lutherischen Gemeinden wird »die heilige christliche Kirche« bekannt, in reformierten Gottesdiensten »die heilige allgemeine christliche Kirche«. Das Wort »katholisch« meint ursprünglich nicht den konfessionellen Aspekt. Katholisch heißt weltumspannend.

Eine dritte Form des Glaubensbekenntnisses, das sogenannte Athanasianum, hat sich im gottesdienstlichen Gebrauch nicht durchsetzen können, weil seine Formulierungen zu kompliziert geraten sind. Es liest sich wie eine theologische Abhandlung. Benannt wurde es nach dem Kirchenvater Athanasius (gestorben 375), doch stammt es aus dem 6. Jahrhundert. Die Kirchenväter Ambrosius und Augustinus haben Formulierungshilfe geleistet. In der katholischen Theologie gilt das Athanasianum als gleichwertig neben Nizänum und Apostolicum. Eine Einschätzung, die die Reformation teilte. Bedeutung hat es aber nur in der anglikanischen Kirche erlangt.

Während das Apostolicum seinen ursprünglichen Ort in der Taufliturgie hatte und das Nizänum im sonntäglichen Gottesdienst, ist heute das Apostolicum im Gottesdienst die Regel. Das Nizänum wird vor allem an Festtagen gesprochen.

Es ist üblich geworden, das Glaubensbekenntnis einzuleiten, etwa so: »Laßt uns auf das Evangelium antworten mit dem Bekenntnis unseres christlichen Glaubens.« Oder: »Im Bekenntnis vereinen wir uns mit allen Christen zum Lob Gottes und sprechen...« Der Vorteil in dieser Regieanweisung ist darin zu sehen, daß den Gottesdienstbesuchern immer wieder erklärt bzw. in Erinnerung gerufen wird, was geschieht. Gleichwohl wird der Duktus des gottesdienstlichen Geschehens durchbrochen, wenn zu viel erklärt wird.

Immer wieder wird diskutiert, ob der moderne Zeitgenosse überhaupt noch einen Zugang zu den beiden Glaubensbekenntnissen hat. Sprache und Begrifflichkeit, so ist oft zu hören, seien den Menschen heute fremd (geworden). Deshalb wird regelmäßig angeregt, neue Glaubensbekenntnisse zu formulieren. Letzteres ist sicher sinnvoll, wenn eine Gruppe einen Gottesdienst vorbereitet und aus ihrer spezifischen Situation heraus, vor dem Hintergrund eines Themas, diese Anstrengung unternimmt.

Daß sich das Apostolicum und das Nizänum durchgesetzt und bis heute in den Konfessionen behauptet haben, sollte nicht gering geachtet werden. Zum einen ist es wohl doch nicht so einfach, Bekenntnisse zu formulieren, die über die konkrete Situation hinaus Bestand haben. Zum anderen verbindet der Gebrauch die althergebrachten Bekenntnisse auch mit den Christen durch die Jahrhunderte hindurch.

Der Konfirmandenunterricht, der Religionsunterricht oder die Erwachsenenbildung sind geeignete Orte, um die Bekenntnisse zu erläutern. Es ist keineswegs so, daß gar nichts an den Glaubensbekenntnissen verstanden werden würde. Es ist eine gute Übung, einmal darauf zu achten, was einem plausibel erscheint. Das dürfte im einen oder anderen Fall gar nicht so wenig sein, wie angenommen wird. Vor diesem Hintergrund relativiert sich rasch manche Kritik.

Wochenlied

Vor der Predigt bietet das Wochenlied die Möglichkeit, die Lesungen und das Glaubensbekenntnis nachwirken zu lassen. Das »Wochenlied« ist bewußt so zu verstehen, daß es nicht nur im Gottesdienst, sondern die ganze Woche über gesungen werden kann – im Rahmen einer Hausandacht oder anderen Gelegenheiten. Das Lied der Woche ist einer festen Folge von Liedern entnommen und orientiert sich am jeweiligen Sonntag des Kirchenjahres.

Predigt

Der Prediger/die Predigerin beginnt mit dem sogenannten Kanzelgruß – »Gnade sei mit euch von Gott, unserem Vater, und unserem Herrn Jesus Christus. Amen« (1. Korinther 1,3). Danach wird der Predigttext vorgetragen, wenn er nicht schon zuvor als Lesung zu Gehör gebracht wurde. Ein Gebet – »Laßt uns in der Stille um den Segen des Wortes beten« – dazu der Wunsch »Der Herr segne Reden und Hören« oder nur dieser allein schließen die Ansage des Predigttextes ab.

Das Wort Predigt kommt aus dem Lateinischen »praedicatio«: Vorher-Sagung, Kundmachung einer Botschaft vor einem anderen her, Boten-Dienst. Predigt ist Rede im Auftrag des Herrn der Kirche: »Gehet hin in alle Welt und predigt das Evangelium aller Kreatur« (Markus16,14). Daraus ergibt sich, daß es sich bei der Predigt nicht um eine allgemeine Rede handelt, sondern diese an ein Wort der Bibel gebunden ist, das sie auszulegen, zu interpretieren versucht.

Die Predigt ist Erinnerung an das Heilshandeln Gottes in der Vergangenheit. Wir leben aus der Geschichte. Geschichtliche Erfahrungen prägen den Glauben: Weihnachten – Jesus wurde geboren, Gott ist Mensch geworden; Ostern – Jesus wurde von den Toten auferweckt, der Tod hat nicht mehr das letzte Wort. Christsein lebt aus der Erinnerung. Aus ihr entwickelt der Glaube seine Hoffnung auf die Zukunft.

Die Predigt will die Geschichte Gottes mit der Geschichte ganz konkreter Menschen in Beziehung setzen, Glauben und Leben miteinander verbinden, Glaubens- und Lebenshilfe leisten.

Wie schon in den gottesdienstlichen Lesungen, so kommen auch in den Predigten nicht alle biblischen Texte vor. Um aber ein breit gefächertes Spektrum behandeln zu können, wurde in der evangelischen Kirche eine »Ordnung der Predigttexte« erarbeitet. Diese umfängliche Ordnung bietet im Prinzip die Gewähr, daß in den sonntäglichen Gottesdiensten über sechs Jahre hinweg Woche für Woche ein jeweils neuer Text gedeutet wird. Abgesehen davon, daß auf diese Weise die Fülle der biblischen Themen vor den Hörerinnen und Hörern ausgebreitet werden kann, bietet die Perikopenordnung (griech. »Perikope«, Abschnitt) auch die Gewähr, daß nicht fortlaufend Lieblingstexte gepredigt werden. Es gibt Texte, die einen Prediger/eine Predigerin nicht anzusprechen vermögen. In diesem Fall besteht selbstverständlich die Möglichkeit, auf einen anderen Abschnitt auszuweichen. Mitunter kommt es vor, daß Menschen bewußt in den Gottesdienst kommen, wenn ein ganz bestimmter Predigttext dran ist (in den »Losungen« der Herrnhuter Brüdergemeine ist der Text jeweils ausgewiesen). Die Enttäuschung ist dann groß, wenn der erwartete Text nicht behandelt wird.

Wie ein Text zu predigen ist, muß von Fall zu Fall entschieden werden. Sogenannte Lehrpredigten stehen heute nicht mehr hoch im Kurs, weil sie das Gotteshaus in einen Hörsaal zu verwandeln drohen. Dies bedeutet freilich nicht, daß in einer Predigt auf erklärende Informationen und Hinweise auf »evangelische« Lehre verzichtet werden sollte. Zur Übersetzung eines biblischen Textes kann es hilfreich sein, dessen Inhalt szenisch darzustellen (Bibliodrama). Auch eine Dialogpredigt bietet sich als Hilfe an, daß die Hörerinnen und Hörer den Text besser verstehen.

Die Predigt kann durch ein Gebet abgeschlossen werden. An ihrem Ende darf der »Kanzelsegen« (Philipper 4,7) nicht fehlen: »Der Friede Gottes, der höher ist als all unsere Vernunft bewahre unsere Herzen und Sinne in Christus Jesus« – oder ein anderer Friedensgruß. Er konzentriert die Gedanken noch einmal auf das, was Gott tut, was der Mensch sich selbst nicht sagen und nicht aus eigener Kraft zu leisten vermag. Die Gemeinde schließt den Gruß mit »Amen«.

Predigtlied

Wie beim Eingangslied, so hat der Pfarrer/die Pfarrerin auch bei dem Lied, das sich an die Predigt anschließt, die Möglichkeit, einen besonderen Akzent zu setzen. Nach der Predigt geht es darum, einen oder mehrere Gedanken aus dem zuvor Gesagten noch einmal in Liedform zu präsentieren. Das reiche Angebot der Lieder im »Evangelischen Gesangbuch« (535 finden sich allein im Stammteil, dazu nochmals mehr als 100 in den ergänzenden Regionalteilen) bietet die Möglichkeit, Bestätigendes und Verstärkendes in dichterischer Form zu finden.

Während des Predigtliedes wird meist die Kollekte eingesammelt. Diese Gabe ist im Sinne des Wortes als Dankopfer zu verstehen. Was wir zu geben haben, geschieht aus Dank für das, was Gott in Jesus Christus für uns Menschen getan hat. Und aus diesem Dank folgt das Opfer, die Weitergabe der Liebe Gottes an Hilfsbedürftige. An dieser Stelle treffen Liturgie (Gottesdienst) und Diakonie (Dienst am Nächsten) zusammen.

Abkündigungen

Nicht wenige Gemeindeglieder empfinden Abkündigungen im Gottesdienst als störend. Ein Blick in das Neue Testament zeigt, daß sich in den Briefen des Apostels Paulus manches findet, was mit unseren Abkündigungen zu vergleichen ist (Kolosser 4,7-18; Epheser 6,18-20; 1. Korinther 16,1-4; 2. Korinther 8,9; Römer 16,1-24; Philipper 4,10ff.).

Es ist von Gemeinde zu Gemeinde unterschiedlich, was in den Abkündigungen aufgenommen wird. Zum festen Bestand gehört die Information über die Kollekte des vergangenen Sonntags, über Einzelspenden, die eingegangen sind. Der Zweck der Kollekten im jeweiligen Gottesdienst – während eines bestimmten Liedes sowie am Ausgang, beim Verlassen des Gottesdienstes – wird entweder in der Begrüßung zu Beginn des Gottesdienstes angesprochen oder unmittelbar nach Abschluß der Predigt. Weiter gehört zu den Abkündigungen ein Hinweis auf ausgewählte Veranstaltungen während der Woche. Ebensowenig darf die Einladung zum Gottesdienst am darauffolgenden Sonntag fehlen. Gibt es eine Reihe von Gruppen und Kreisen, so ist es im Blick auf deren Aktivitäten sinnvoll, auf den Gemeindebrief zu verweisen.

Geburten, Trauungen und Beerdigungen können unter den Abkündigungen aufgenommen werden, haben ihren Ort aber besser im Fürbittengebet.

Die Abkündigungen werden mit den Worten geschlossen: »Der dreieinige Gott segne unsere Gemeinde und alle Glieder nach dem Reichtum seiner Gnade.« Die Gemeinde antwortet mit »Amen«.

Im Fürbittengebet werden Gebetsanliegen aufgenommen, die die ganze Gemeinde betreffen und alle Lebensbereiche einbeziehen – lokal, national und international. Deshalb wurde dieses Gebet früher auch als »allgemeines Kirchengebet« bezeichnet, das schon die urchristliche Gemeinde kannte. Die Fürbitte »für alle Menschen« (1. Timotheus 2,1) ist von dem Vertrauen auf die Verheißung Gottes geprägt, daß unsere Gebete nicht ungehört verhallen (Psalm 91,15; Jeremia 29,12; Matthäus 18,19; Johannes 15,7; Lukas 18,1-8). Jesus hat vielen Menschen aufgrund der Bitte anderer geholfen (Matthäus 8,5ff.; Markus 5,23ff.; 7,24ff.; 7,31ff.; 9,17ff.; Johannes 2,1ff.; 11,3ff.). Jesus selbst hat auch für andere Menschen gebetet: für seine Jünger (Johannes 17,9.15ff.), für Petrus (Lukas 22,32), aber auch für seine Gegner (Lukas 23,34).

Vier Formen des Fürbittengebetes sind im Gottesdienst anzutreffen:

- Das Gebet wird vom Liturgen/der Liturgin zum Altar gewandt allein gesprochen. Diese Form wird mit dem griechischen Wort »Prosphonese« bezeichnet und meint einen an Gott gerichteten Vortrag der Bitten.
- Das Gebet wird vom Liturgen/der Liturgin zum Altar gewandt gesprochen und die Gemeinde antwortet nach jedem Gebetsruf: »Herr, erbarme dich« oder »Herr, erhöre uns« oder »Herr, wir bitten dich, erhöre uns«. Diese Gebetsrufe können auch gesungen werden. Diese Form des Fürbittengebets heißt »Ektenie« (deutsch: »Ausdehnung«). Der Name nimmt darauf Bezug, daß früher mit ausgebreiteten und gen Himmel geöffneten Händen gebetet wurde.
- Eine dritte Möglichkeit besteht darin, daß der Liturg/die Liturgin mit weiteren Personen im Wechsel Gebetsanliegen vor Gott trägt, auf das die Gemeinde mit Gebetsrufen (s.o) antwortet.

- Die vierte Form wird als »Diakonisches Gebet« bezeichnet, weil sich der Liturg/die Liturgin mit einem Diakon/einer Diakonin (Lektor/in, Kirchenvorsteher/in) das Gebet teilt. Dies kann auf zweifache Weise geschehen: Die Gebetsanliegen können von dem am Lesepult stehenden Diakon/einer Diakonin genannt werden und der Liturg/die Liturgin trägt sie ausformuliert im Gebet vor. Aber auch die umgekehrte Rollenverteilung ist schon seit frühchristlicher Zeit bekannt, daß der Liturg/die Liturgin die Anliegen nennt und der Diakon/die Diakonin das Gebet spricht.

In der Fürbitte geht es u.a. um die Einheit der Kirche, um Einigkeit in der Kirche, um Frieden in der Welt, es wird für die in Politik, Wirtschaft und Medien Verantwortlichen gebetet, für das Verhältnis der Generationen zueinander, für alte und kranke Menschen. Das Fürbittengebet zielt nicht darauf, detailliert alle Lebensbereiche im Gebet zu erfassen, wohl aber Themen und Fragen der Menschen von heute zu Gehör zu bringen. Die Probleme des Fürbittengebets liegen auf der Hand: Ist es zu allgemein, klingt es wie ein Abhaken von Themen, ist es zu individuell, grenzt es einzelne aus. Andere Gefahren sind u.a.: Gott wird etwas erzählt, die Gemeinde wird belehrt, Themen kommen vor, die in der Predigt hätten angeschnitten werden können.

In der Fürbitte haben Taufen, Trauungen und Beerdigungen ihren zentralen Ort. Für Getaufte, Ehepaare und Trauernde wird der Segen Gottes erbeten – gelingendes Leben gewünscht, Trost erbeten.

Es erweist sich als hilfreich, eine Phase der Stille mit einzuplanen, die es den einzelnen Gemeindegliedern ermöglicht, eigene Anliegen vor Gott zu tragen. Dafür sollte etwas Zeit bleiben, damit auch konkrete Gedanken entstehen können und nicht nur summarisch für Erfolg im Beruf, Wohlergehen der Familie o.ä. gebetet wird.

Wird im Gottesdienst das Abendmahl gefeiert, so schließt der Liturg/die Liturgin das Gebet mit einem Bibelwort. Zum Beispiel:

- *Christus spricht: Alles, was ihr bittet im Gebet, wenn ihr glaubt, so werdet ihr's empfangen (Matthäus 21,22).*
- *Gott spricht: Rufe mich an in der Not, so will ich dich erretten, und du sollst mich preisen (Psalm 50,15).*
- *Gott spricht: Rufe mich an, so will ich dir antworten und will dir kundtun große und unfaßbare Dinge, von denen du nichts weißt (Jeremia 33,3).*

Die Gemeinde beschließt das Gebet mit »Amen«.

Wird kein Abendmahl gefeiert, so folgt auf das Fürbittengebet das Vaterunser. Der Liturg/die Liturgin kann dabei als Überleitung unter Aufnahme der in der Stille formulierten Anliegen sprechen: »Alles, was uns in diesem Augenblick beschäftigt, was uns Sorgen bereitet und was uns froh stimmt, nehmen wir mit in das Gebet hinein, das dein Sohn uns gelehrt hat: Vater unser im Himmel...«

Abendmahl

Präfation

»Praefatio« (lateinsch) meint eine Rede »vor etwas«. Der Begriff Vorwort charakterisiert nicht präzise genug, was Praefatio zu Beginn des Abendmahls meint. Das »vor« ist nicht zeitlich, sondern räumlich zu verstehen. Es geht um das Gebet vor Gott in der Höhe (Lukas 2,14). Die Präfation wird daher nicht selten auch als Hochgebet bezeichnet. Sie zählt zu den ältesten liturgischen Stücken der Abendmahlsfeier und besteht aus drei Teilen: aus der Salutation (Gruß), dem »Sursum corda« (»Die Herzen in die Höhe«) sowie dem Gratias (»Lasset uns

Dank sagen dem Herrn!«) mit dem sogenannten großen Dankgebet.

Die Salutation ist dem Gottesdienstbesucher bereits aus dem Eingangsteil vertraut: »Der Herr sei mit euch.« Hier geht es um das Hineingenommensein in das Wundergeschehen im Sakrament. Christus will mit uns eins werden. Wenn die Gemeinde hier antwortet »und mit deinem Geist«, dann wünscht sie auch dem Liturgen/der Liturgin, daß auch er/sie beim Empfang des Mahles mit Christus eins werden möge.

Auf den Gruß erfolgt die Aufforderung »Die Herzen in die Höhe!« (Klagelieder 3,41). Auch Jesus hat nach oben blickend gebetet (Johannes 11,41; 17,1). Wenn in der Bibel vom Herzen die Rede ist, dann ist damit nicht nur das Organ gemeint, sondern es geht um das Zentrum des Menschen schlechthin. Der moderne Mensch mag denken, daß er seine Entscheidungen im Kopf trifft, mit dem Verstand prüft. Nach biblischem Verständnis ist das Herz dieser Ort. Das Herz auf Gott auszurichten ist die rechte Antwort auf diese Aufforderung, denn woran der Mensch sein Herz hängt, das ist sein Gott. »Wir erheben sie zum Herren«, lautet die Antwort ganz im Sinne von Psalm 130,7: Denn »bei dem Herrn ist die Gnade und viel Erlösung bei ihm«.

»Lasset uns Dank sagen« formuliert den Grundtenor der Präfation – Dank zu sagen, für das, was Gott getan hat und tut. Das griechische Wort für danksagen im Neuen Testament ist »eucharistein«. Nicht zuletzt auch deshalb wird das sogenannte Abendmahl – vor allem in der katholischen Kirche – als Eucharistiefeier bezeichnet. Die Antwort darauf wiederum kann nur lauten: »Das ist würdig und recht.« Der Wortlaut in hymnischer Form als Lobpreis der großen Taten Gottes:

Wahrhaft würdig ist es und recht,
daß wir dich, ewiger Gott, immer und überall loben und dir danken,
durch unsern Herrn Jesus Christus.

Ihn hast du in die Welt gesandt,
durch seinen Tod haben wir Vergebung der Sünde
und durch sein Auferstehen das Leben.
Darum loben die Engel deine Herrlichkeit,
beten dich an die Mächte und fürchten alle Gewalten.
Dich preisen die Kräfte des Himmels mit einhelligem Jubel;
mit ihnen vereinen auch wir unsere Stimmen
und bekennen ohne Ende:

Darauf antwortet die Gemeinde mit dem
Dreimalheilig (Sanctus)

Mit dem lateinischen Wort »sanctus« (heilig) beginnt der Hymnus in seiner lateinischen Fassung: *»Heilig, heilig, heilig, ist der Herre Zebaoth. Alle Lande sind seiner Ehre voll. Hosianna in der Höhe. Gelobet sei der da kommt im Namen des Herrn. Hosianna in der Höhe.«*

»Heilig, heilig, heilig ist Gott, der Herr« – dies riefen die Engel einander zu, als der Prophet Jesaja in den Dienst Gottes berufen wurde. Er sah »den Herrn sitzen auf einem hohen und erhabenen Thron, und sein Saum füllte den Tempel« (Jesaja 6,1-4). Während das Kyrie im römischen Weltreich die Anerkennung des römischen Kaisers und die Unterwerfung unter seine Herrschaft bedeutete, so ist das »Hos(i)anna« im Judentum der Huldigungsruf beim Einzug des Königs gewesen.

Einsetzungsworte

Viermal ist im Neuen Testament die Einsetzung des Abendmahls durch Jesus überliefert: Matthäus 26,26-28; Markus 14,22-24; Lukas 22,19f.; 1. Korinther 11,23b-25. Der Wortlaut der Einsetzungsworte, wie er heute im Gottesdienst gebraucht wird, findet sich in keiner der neutestamentlichen Überlieferungen. Schon die Liturgien der Alten Kirche wichen davon ab. Martin Luther hat aus den vier biblischen Fassungen einen Text geformt. Nach der Revision der Bibelübersetzung Luthers wurde das Wort »Testament« durch »Bund« ersetzt.

Charakteristisch für die Einsetzungsworte ist, daß sie mit einem bestimmten Datum verbunden sind: »In der Nacht, da er (Jesus) verraten ward.« Dies bezieht sich auf den Vorabend der Kreuzigung, auf die letzte Tischgemeinschaft, die Jesus mit seinen Jüngern hatte, ehe er von Judas verraten wurde. Jesus wird wie ein jüdischer Hausvater beim Passa-Mahl beschrieben. Vor der Hauptmahlzeit nimmt er das Brot, spricht ein Dankgebet, bricht es und teilt es unter den Jüngern aus. Das Brot deutet er als seinen Leib, der »für euch« dahingegeben wird. Nach dem Mahl – wie beim Passa – nimmt Jesus den Kelch. Die Deutung, die er anschließt, identifiziert die Abendmahlselemente nicht in erster Linie mit seinem Leib und Blut, sondern bezieht diese auf den neuen Bund, der in seinem Blutvergießen als das Opfer seines Lebens am Kreuz begründet wird. Für alle, die das Mahl in Empfang nehmen, bewirkt dies Vergebung der Sünden durch Gott. Jesus öffnet allen, die an diesem Mahl teilnehmen, die Augen für seine Gegenwart, in der neues Leben geschenkt wird (Lukas 24,30f.). Auf diese Weise wird der Wiederholungsbefehl Jesu verständlich, dies im Gedenken an ihn zu tun.

Der Wortlaut: »Unser Herr Jesus Christus in der Nacht, da er verraten ward, nahm er das Brot, dankte und brach's und gab's seinen Jüngern und sprach: Nehmet hin und esset. Das ist (Kreuzeszeichen über dem Brot) mein Leib, der für euch gegeben wird. Solches tut zu meinem Gedächtnis. Desgleichen nahm er auch den Kelch nach dem Abendmahl, dankte und gab ihnen den und sprach: Nehmet hin und trinket alle daraus; dieser Kelch ist der neue Bund (das neue Testament) in (Kreuzeszeichen über dem Kelch) meinem Blut, das für euch vergossen wird zur Vergebung der Sünden. Solches tut, sooft ihr's trinket, zu meinem Gedächtnis.«

Christuslob

»(Groß ist das) Geheimnis des Glaubens« – Oder: »Sooft ihr von diesem Brot esset und aus diesem Kelch trinkt, verkündigt ihr den Tod des Herrn, bis er kommt« (1. Korinther 11,26). Die Gemeinde antwortet darauf: »Deinen Tod, o Herr, verkünden wir, und deine Auferstehung preisen wir, bis du kommst in Herrlichkeit.«

Geheimnis des Glaubens – läßt sich nicht bis ins letzte erklären. Es bleibt geheimnisvoll, entzieht sich unserem Zugriff, unserer Verfügbarkeit. Worum es im Abendmahl geht: Verkündigung des Todes Jesu, Bekennen seiner Auferstehung und Hoffnung darauf, daß er wiederkommt am Ende aller Zeit.

Vaterunser

Das »Vater unser« ist das zentrale Gebet aller Christen in allen Kirchen (Matthäus 6,9-13; Lukas 11,1-4). Es setzt das Leben aus der Gnade Gottes in Beziehung zum Zusammenleben der Menschen untereinander.

Vater unser im Himmel.
Geheiligt werde dein Name.
Dein Reich komme.
Dein Wille geschehe, wie im Himmel, so auf Erden.
Unser tägliches Brot gib uns heute.
Und vergib uns unsere Schuld,
wie auch wir vergeben unsern Schuldigern.
Und führe uns nicht in Versuchung,
sondern erlöse uns von dem Bösen.
Denn dein ist das Reich und die Kraft
Und die Herrlichkeit in Ewigkeit.
Amen.

Friedensgruß

Der Liturg/die Liturgin spricht: »Der Friede des Herren (Zeichen des Kreuzes) sei mit euch allen« (Römer 15,33; 1. Petrus 5,14). Die Gemeinde antwortet mit »Amen«.

Bevor die Gläubigen an den Tisch des Herrn gerufen werden, ergeht die Aufforderung an sie, sich untereinander die Hände zu reichen und sich gegenseitig Frieden zu wünschen, weil Gott uns – bildlich gesprochen – im Abendmahl die Hand reicht.

Lamm Gottes (Agnus Dei)

Dieser aus der Alten Kirche stammende Hymnus deutet ein Wort des Propheten Jesaja (53,4-7) auf Christus: »Fürwahr, er trug unsre Krankheit und lud auf sich unsre Schmerzen. Wir aber hielten ihn für den, der geplagt und von Gott geschlagen und gemartert wäre. Aber er ist um unserer Missetat willen verwundet und um unsrer Sünde willen zerschlagen. Die Strafe liegt auf ihm, auf daß wir Frieden hätten, und durch seine Wunden sind wir geheilt. Wir gingen alle in die Irre wie Schafe, ein jeder sah auf seinen Weg. Aber der Herr warf unser aller Sünde auf ihn. Als er gemartert ward, litt er doch willig und tat seinen Mund nicht auf wie ein Lamm, das zur Schlachtbank geführt wird; und wie ein Schaf, das verstummt vor seinem Scherer, tat er seinen Mund nicht auf.«

Der Wortlaut des »Agnus Dei«: »Christe, du Lamm Gottes, der du trägst die Sünd der Welt, erbarm dich unser. Christe, du Lamm Gottes, der du trägst die Sünd der Welt, erbarm dich unser. Christe, du Lamm Gottes, der du trägst die Sünd der Welt. Gib uns deinen Frieden. Amen.«

Der Liturg/die Liturgin bittet die Gemeindeglieder zum Altar mit den Worten: »Kommt her, es ist alles bereit« (vgl. Matthäus 22,4); »Schmecket und sehet, wie freundlich der Herr ist« (Psalm 34,9).

Lange Zeit ist statt Brot eine Oblate (meist mit aufgeprägtem Lamm oder Kreuz) gereicht worden. Heute ist auch Brot üblich. Neben Wein (rot oder weiß) gibt es immer mehr Gemeinden, in denen nur noch bzw. regelmäßig auch Traubensaft gereicht wird.

Brot oder Oblate werden mit den Worten gereicht: »Christi Leib für dich gegeben.« Der Empfangende antworte mit »Amen«. Und der Kelch wird mit den Worten gereicht: »Christi Blut für dich vergossen«, worauf der Empfangende mit »Amen« antwortet. Wenn alle das Abendmahl empfangen haben, erteilt der Liturg/die Liturgin den Segen: »Gehet hin im (Zeichen des Kreuzes) Frieden des Herrn.« Diesem Segensgruß kann noch ein Bibelwort vorausgehen.

In der evangelischen Kirche werden alle getauften Christen zum Abendmahl eingeladen. Dieser Entscheidung liegt das Verständnis zu Grunde, daß nicht eine jeweilige Kirche einlädt, sondern Christus der Einladende ist. Aufgrund der Unterschiede im Verständnis des Amtes und der Lehre von der Kirche gilt diese Einladung im orthodoxen oder römisch-katholischen Gottesdienst umgekehrt für evangelische Christen nicht.

Daß Kinder (im schulfähigen Alter) am Abendmahl teilnehmen dürfen, hat sich in der evangelischen Kirche noch nicht überall durchgesetzt. Ansonsten ist es üblich, wenn Kinder mit zum Altar kommen, daß sie unter Handauflegung gesegnet werden. Zumeist gilt die Zulassung erst mit der Konfirmation als erteilt. Während die orthodoxe Kirche keine Altersgrenze kennt, werden in der katholischen Kirche die Kinder mit der Feier der Erstkommunion zugelassen. Als Grund, weshalb Kinder in der evangelischen Kirche nicht zum Abendmahl zugelassen werden, wird oft angeführt, sie verstünden nicht, was geschieht. Aufgrund dieses Argumentes dürfte es dann auch keine Säuglingstaufe geben. Und auch Erwachsene müßten sich fragen lassen, ob sie wirklich verstehen, was sich im Abendmahl vollzieht.

Danksagung

Wenn alle Gemeindeglieder wieder an ihren Platz zurückgekehrt sind, singt oder spricht der Liturg: »Danket dem Herrn, denn er ist freundlich, Halleluja.« Und die Gemeinde antwortet: »Und seine Güte währet ewiglich. Halleluja.«

Dankgebet

Die Schlußkollekte beim Abendmahl bringt den Dank für die empfangenen Gaben zum Ausdruck. Der Dank für das gehörte Wort erfolgte bereits nach der Predigt. Die Gemeinde antwortet auch hier mit »Amen«.

Sendung und Segen

Wird der Gottesdienst ohne Abendmahl gefeiert, so beginnt der abschließende Teil mit Fürbittengebet und Vaterunser. Daran schließt sich meist noch einmal eine Salutation an: Auf den Gruß des Liturgen/der Liturgin »Der Herr sei mit euch« antwortet die Gemeinde »und mit deinem Geist«. Dabei handelt es sich um eine Art Abschiedsgruß, wie er sich auch im Neuen Testament findet (Römer 16,24; 1. Korinther 16,23; 2. Korinther 13,13; Galater 6,18). Um die Gemeinde entlassen zu können, erbittet der Liturg/die Liturgin die Gegenwart Gottes. Schließlich kann er nur das weitergeben, was er selbst zuvor empfangen hat.

Von Entlassung spricht man, weil unter den Christen in Rom es üblich war, daß der Diakon das Ende des Gottesdienstes ankündigte: »Ite, missa est« (deutsch: »Gehet! Der Schluß des Gottesdienstes ist da.«) Dies ist in der römisch-katholischen Messe heute noch üblich. Und die Gemeinde antwortet mit »Deo gratias« (»Dank sei Gott«). »Missa« bedeutete ursprünglich nicht »Messe«, sondern steht im Lateinischen für »Entlassung« oder »Verabschiedung« nach einer Versammlung oder Audienz.

Nach evangelischem Verständnis setzt sich der Gottesdienst im Alltag fort. Der Glaube soll sich im Alltagsleben bewähren. Christsein ist nicht auf den Gottesdienst beschränkt.

Sendungswort

Vor dem Segen singt oder spricht der Liturg/die Liturgin: »Gehet hin im Frieden des Herrn.« Und die Gemeinde antwortet: »Gott sei ewiglich Dank« oder »Gott sei Lob und Dank«. Im Neuen Testament gibt es eine Reihe von Stellen, in denen die Aufforderung »Gehet hin« ergeht:

- »Geh zuerst hin und versöhne dich mit deinem Bruder« (Matthäus 5,24).
- »Geh hin, dir geschehe, wie du geglaubt hast« (Matthäus 8,13).
- »Geht hinaus auf die Straßen und ladet zur Hochzeit ein, wen ihr findet« (Matthäus 22,9).
- Jesus spricht: »Mir ist gegeben alle Gewalt im Himmel und auf Erden. Darum gehet hin und machet zu Jüngern alle Völker« (Matthäus 28,18f.).

Immer wenn die Aufforderung »hinzugehen« ausgesprochen wird, ist eine Sendung damit verbunden. In dem Gesandtsein ist der Gedanke des Gottesdienstes im Alltag aufgenommen, dort für die Sache Jesu einzustehen, wo der einzelne lebt und arbeitet. »Im Frieden des Herrn« unterwegs zu sein, bedeutet eine neue Lebensqualität, die mehr ist als nur ein Gefühl. Angesichts einer solchen Perspektive kann die Gemeinde nur voller überschwenglicher Dankbarkeit reagieren.

Segen

Seit Jahrhunderten steht in der Regel der sogenannte Aaronitische Segen. Er findet sich in 4. Mose 6,22-26 und wird so bezeichnet, weil Mose im Auftrag Gottes Aaron segnet: »Der Herr segne dich und behüte dich; der Herr lasse sein Angesicht leuchten über dir und sei dir gnädig; der Herr erhebe sein Angesicht auf dich und gebe dir (hier erfolgt das Zeichen des Kreuzes) Frieden.« Die Gemeinde antwortet auf den Segen mit »Amen«. Neben diesem persönlichen Zuspruch ist auch die Plural-Fassung »Der Herr segne euch und behüte euch...« gebräuchlich. Das Aufheben der Hände erinnert an Jesu Gestik (Lukas 24,50). Darin kommt in besonderer Weise die Zuwendung Gottes zu jedem einzelnen zum Ausdruck. Segnen kommt vom lateinischen »signare«: etwas mit einem Zeichen (signum) versehen. Das »signum crucis«, das Kreuzeszeichen, soll den Segen Gottes vor Augen sichtbar machen. Um diesen Segen einen anderen Menschen leibhaftig spüren zu lassen, wird etwa bei der Taufe, bei der Konfirmation oder Trauung die Hand aufgelegt.

Der Segen Gottes wird zu zahlreichen Begebenheiten gewünscht: »Gesegnetes Weihnachts- bzw. Osterfest«, »Gottes Segen für das neue (Lebens)Jahr«. Damit verbindet sich der Wunsch, Gott möge es dem anderen gutgehen lassen, vor Unheil bewahren, Aufgaben gelingen lassen.

Das Orgelnachspiel lädt dazu ein, noch ein paar Augenblicke in der Kirche zu verweilen, dem Gehörten nachzusinnen, die Blicke schweifen zu lassen.

Nach dem Gottesdienst

Wer einmal im Ausland in irgendeiner Gemeinde am Gottesdienst teilnahm, wird vielleicht festgestellt haben, daß die Menschen in der Regel noch eine Weile beieinander bleiben und nicht – wie in Deutschland – möglichst rasch nach Hause wollen. Mittlerweile hat es sich auch bei uns eingebürgert, daß nach dem Gottesdienst, wenn nicht immer, so doch wenigstens einmal im Monat, zum »Kirchenkaffee« eingeladen wird. Eine gute Gelegenheit, mit anderen Gemeindegliedern ins Gespräch zu kommen, neu Hinzugezogene zu begrüßen und zumindest anzudeuten, daß sich die gottesdienstliche Gemeinschaft im Alltag fortsetzen kann.

Der römisch-katholische Gottesdienst

Katholische und evangelische Gottesdienste haben vieles gemeinsam, aber es gibt auch Unterschiede. Daß man in einem katholischen Gotteshaus ist, merkt man in der Regel erst, wenn man es betritt. In katholischen Kirchen befindet sich in der Nähe des Eingangs immer ein Weihwasserbecken. Katholische Christen fassen mit dem Finger hinein und schlagen dann über sich ein Kreuzeszeichen. Damit soll zum Ausdruck kommen: Ich stelle mich unter das Zeichen des Kreuzes und lasse mich daran erinnern, daß ich getauft bin. Wasser ist die Quelle des Lebens, und es hat – wie ein Blick auf andere Religionen zeigt

– reinigende Wirkung. Reinigungsriten sind u.a. im Judentum und im Islam bekannt. Die äußerliche Anwendung des Wassers ist aber mit der inneren Reinigung verbunden. In der Taufe, mit der symbolischen Handlung, Wasser über den Kopf des Täuflings zu gießen, werden Menschen zu Kindern Gottes.

Wer jedoch meint, sich zu bekreuzigen, sei in der protestantischen Frömmigkeitspraxis nicht anzutreffen bzw. eine Tradition, mit der Martin Luther gebrochen hätte, sieht sich getäuscht. Wer Luthers Morgen- oder Abendsegen betet und den Text im »Evangelischen Gesangbuch« nachliest, stößt auf folgende Formulierung: »Des Morgens, wenn du aufstehst/Des Abends, wenn du zu Bett gehst, kannst du dich segnen mit dem Zeichen des heiligen Kreuzes und sagen: Das walte Gott Vater, Sohn und Heiliger Geist! Amen…« Vor diesem Hintergrund ist es nicht verwunderlich, daß Protestanten für sich als Ausdruck ihrer Frömmigkeit das Schlagen des Kreuzeszeichens wieder entdecken.

Ein weiteres äußeres Zeichen, das Katholiken von evangelischen Christen unterscheidet, ist die Kniebeuge. Bevor sie ihren Platz einnehmen sowie vor dem Verlassen der Kirche, beugen katholische Christen das rechte Knie andeutungsweise Richtung Boden – als Zeichen der Anbetung Gottes.

Das Zweite Vatikanische Konzil (1962-1965) hat hinsichtlich der Gestaltung katholischer Gottesdienste zwei grundlegende Veränderungen mit sich gebracht: Zum einen die Festlegung einer neuen Struktur, zum anderen die Erlaubnis, Gottesdienste in der jeweiligen Muttersprache zu feiern. Zuvor war die lateinische Sprache obligatorisch. Die Liturgiekonstitution »Sacrosanctum Concilium« (SC) ist das erste Dokument, das auf dem Konzil verabschiedet wurde – und zwar mit 2147 Ja-Stimmen bei 4 Nein-Stimmen.

Die liturgische Sprache, das Lateinische, war nicht mehr die Volkssprache und führte im Laufe der Jahrhunderte dazu, daß die Liturgie nicht mehr nachvollziehbar war. Nur so ist es zu erklären, daß das Lateinische »Hoc est corpus meum« (Das ist mein Leib) aus der Abendmahlsliturgie durch das Wort »Hokuspokus« verballhornt wurde.

Weitere Folgen des Konzilsbeschlusses: Die Predigt wird nicht mehr wie zuvor als Unterbrechung, sondern als Teil der Liturgie betrachtet und soll an die im Gottesdienst verlesenen Bibeltexte anknüpfen. Die Lesungen sollen nicht mehr nur aus den Evangelien und den apostolischen Briefen kommen, sondern auch alttestamentliche Abschnitte berücksichtigen.

Von besonderer Bedeutung ist, daß das Konzil die Teilnahme der Gläubigen am Kelch, die sogenannte Kelchkommunion, grundsätzlich wieder möglich gemacht hat. Brot und Wein – die Gaben des Abendmahls (katholisch: Eucharistie) – wurden den Gläubigen bis ins 15. Jahrhundert zusammen gereicht. Das Konzil von Konstanz (1414-1418) beendete diese Praxis. Von da an durfte das Abendmahl nur noch »unter einer Gestalt« (»communione sub una specie«), dem Brot, gereicht werden, während es der Priester auch weiterhin »unter beiderlei Gestalt« (»sub utraque specie«) zu sich nahm. Daß es in der katholischen Kirche nur noch das Brot/die Hostie für die Gläubigen gab, hatte zum einen damit zu tun, daß die Gegenwart Jesu vor allem mit dem Brot identifiziert wurde. Auf den Wein meinte man verzichten zu können, weil man die Auffassung vertrat, im Leib Christi – der Gabe des Brotes – sei das Blut enthalten. Zum anderen war die Befürchtung groß, durch das Verschütten des Kelchinhalts, das Blut Christi zu vergeuden. Der Hintergrund: Im Jahre 1215 wurde die Lehre von der substantiellen Verwandlung der Abendmahlselemente zum Dogma erhoben. In der Praxis hatte dies zur Folge, daß ein Kommunikant, der auch nur einen Tropfen Wein verschüttete, damit das Blut Christi vergoß. Schon seit dem 9. Jahrhundert waren Röhrchen in Gebrauch, um damit aus dem Kelch zu trinken. Kein Wunder, daß unter den Gläubigen die Angst wuchs, zum Abendmahl zu gehen. Vor diesem Hintergrund entwickelte sich die Praxis, nur noch das Brot zu reichen.

Zur Aufbewahrung der konsekrierten, d.h. geweihten und in der Eucharistiefeier übriggebliebenen Hostien findet sich in katholischen Kirchen das Tabernakel (lateinisch »Zelt« oder »Hütte«). Für katholische Christen ist das Tabernakel ein besonderer Ort der Anbetung. In seiner Nähe brennt immer das »Ewige Licht«, eine meist mit rotem Glas versehene Öllampe. Das ständig brennende Licht soll an die immerwährende Gegenwart des Herrn in der Eucharistie erinnern.

Mit der Übersetzung der Bibel ins Deutsche hat Martin Luther nicht nur grundsätzlich sprachprägend gewirkt, sondern in der evangelischen Kirche eine Übersetzung der Texte des Alten und Neuen Testamentes geschaffen, die durch keine andere Übertragung in die deutsche Sprache verdrängt wurde. In der katholischen Kirche in Deutschland wurde erst mit der sogenannten Einheitsübersetzung eine für alle Diözesen verbindliche Fassung biblischer Texte geschaffen. Eine Arbeit, die 1962 begann und 1979 abgeschlossen wurde. Zuvor waren eine Reihe von Übersetzungen in Gebrauch, die sich an der Vulgata, der lateinischen Übersetzung der Bibel durch Hieronymus, orientierten, nicht aber an den Ursprachen – Hebräisch für das Alte Testament und Griechisch für das Neue Testament. Ab 1967 beteiligte sich auch die Evangelische Kirche in Deutschland (EKD) an der Übersetzungsarbeit, die sich auf die Psalmen und das gesamte Neue Testament konzentrierte. In der evangelischen Kirche hat sich die Einheitsübersetzung jedoch nicht durchsetzen können.

Wer im »Gotteslob«, dem katholischen Gesangbuch, blättert, wird darin auch evangelische Liederdichter finden, wie auch umgekehrt im »Evangelischen Gesangbuch« katholische Dichter aufgenommen sind.

Für katholische Christen ist der Besuch des Gottesdienstes – die »Sonntagspflicht« – vorgeschrieben. Die Teilnahme an einem ökumenischen Gottesdienst entbindet davon nicht. Noch immer gelten ökumenische Gottesdienste nicht als voll gültige Gottesdienste. Dahinter verbergen sich grundlegende theologische Probleme, die seit langem in den Dialogen zwischen den Kirchen erörtert werden, aber noch nicht zu einer abschließenden Klärung geführt haben. Dies betrifft vor allem die Lehre von der Kirche und vom Amt (Rolle des Pfarrers) sowie das mit beiden Stichworten untrennbar verbundene unterschiedliche Verständnis des Abendmahls. So ist es katholischen Christen nicht erlaubt, am Abendmahl im evangelischen Gottesdienst teilzunehmen. Umgekehrt gilt in der evangelischen Kirche die Einladung zur Teilnahme allen getauften Christen.

Der Ablauf im Überblick

Der katholische Gottesdienst ist wie folgt aufgebaut:

- Eröffnung
  Feierlicher Einzug mit Gesang: Neben dem Priester ziehen der Lektor, der Kantor sowie ein Ministrant (oder mehrere Ministranten) mit ein. Es können mitgetragen: Weihrauch, Kreuz, Leuchter mit brennenden Kerzen und das Evangelienbuch. Das Kreuz wird in der Nähe des Altars positioniert, das Evangelienbuch auf den Altar gelegt; die Leuchter werden neben dem Kreuz oder beim Altar aufgestellt.

  Verehrung des Altars: Der Priester und seine Begleitung verneigen sich und küssen dn Altar.

  Begrüßung der Gemeinde

  Allgemeines Schuldbekenntnis

  Kyrie

  Gloria

  Tagesgebet

- Wortgottesdienst
  An Sonn- und Feiertagen sind vor dem Evangelium normativ zwei Lesungen vorgesehen: Alttestamentliche Lesung,

Epistel, Evangelium. In Ausnahmefällen ist auch nur eine Lesung vor dem Evangelium möglich.

Predigt

Credo (Nicaenum oder Apostolicum)

Fürbitten

- Eucharistiefeier

  Gesang zur Gabenbereitung. Gleichzeitig wird die Kollekte eingesammelt

  Präfation

  Sanctus

  Einsetzungsworte

  Vaterunser

  Friedensgruß

  Agnus Dei

  Kommunion

- Entlassung

  Gebet

  Segen

Gottesdienst ist die Versammlung von Menschen, in der das Wort Gottes in Schriftlesung, Predigt und Abendmahl verkündigt wird und die Gemeinde in Gebeten, Liedern und Bekenntnissen antwortet. Seit 2000 Jahren kommen Christen zusammen, weil sie ihr individuelles Leben in Verbindung mit Gott sehen. Dies wird in jedem Gottesdienst deutlich und in besonderer Weise an den Knotenpunkten menschlichen Lebens: bei der Taufe, der Konfirmation, der Trauung, der Beerdigung. Die Art und Weise wie einer sein Christsein lebt, ist in den Altersstufen und Lebensphasen sehr unterschiedlich.

Der Gottesdienst will – allgemein gesprochen – einen Raum zur Anbetung Gottes bieten, Glaubens- und Lebenshilfe leisten und zu einem verantwortlichen Leben im Lichte der Gebote Gottes anleiten und ermutigen. Im Mittelpunkt steht die Feier der Menschen als Geschöpfe Gottes, die durch Tod und Auferweckung Jesu Christi erlöst sind und eine Zukunft im Reich Gottes haben. Dies bedeutet keine Abkehr von der Welt, sondern eine Befreiung zum sozialen und politischen Engagement in ihr.

Christen sehen im Glauben an Gott, daß ihr Leben einen Sinn hat, daß ihnen angesichts der Erfahrung des Scheiterns die Hoffnung auf Trost und Heil bleibt. Wer zum Gottesdienst kommt, nimmt sich Zeit für Gott. Zeit, die entlastende und lebenserleichternde Nachricht zu hören, die gelassen macht und die sich einer nicht selbst sagen kann: daß ich sein darf, daß ich ein von Gott gewollter und geliebter Mensch bin. Der Gottesdienst durchbricht die Ichbezogenheit des Menschen, als ob es nur ein Leben im Diesseits gebe, und öffnet den Blick für die Dimension der Transzendenz.

Jeder Gottesdienst lädt dazu ein, in der Gemeinschaft der Christen zu feiern, daß Gott diese Welt geschaffen hat und sie nicht sich selbst überläßt. Er ist der Ort, an dem Menschen Geborgenheit finden, ohne eingeengt zu werden, wo sie loslassen können, was sie bedrückt, wo Freude und

Dankbarkeit ebenso ihren Ort haben wie Klage und Verzweiflung. Der Gottesdienst bietet die Möglichkeit, Gefühlen Raum zu geben, sie einzuordnen. Er stellt Halteseile zur Verfügung angesichts von angstbesetzter Verlorenheit.

Biblische Lesungen, Lieder und Gebete besitzen eine deutende Kraft, die über den Gottesdienst hinauswirkt. In der Predigt wird nach der Botschaft Gottes für mich gefragt und dargelegt, daß für den Glauben vernünftige Gründe sprechen. Dies erfahren Christen seit 2000 Jahren.

Soweit die Theorie, mag mancher jetzt denken. Und die gottesdienstliche Wirklichkeit? Nicht jeder Gottesdienst beantwortet alle meine Fragen und Zweifel, beseitigt meine Ängste. Es gibt langweilige Predigten und Gebete, in denen ich mich nicht wiederfinde, die in einer Sprache formuliert sind, die mir fremd (geworden) ist. Und ich treffe auf Menschen, bei denen man nicht spürt, daß ihr Glaube für ihr Handeln, für ihr Verhalten im Alltag, irgendwelche Konsequenzen hat.

Und doch ist der Gottesdienst einer der wenigen Räume, wenn nicht der einzige, in dem ich höre, was ich mir selbst nicht sagen kann: daß ich ein von Gott gewollter und geliebter Mensch bin – einzigartig, unverwechselbar, wertvoll.

Der Gottesdienst – Zeit für mich, Zeit, die Seele baumeln zu lassen. Das ist nicht nur ein Idealbild, sondern in vielen Gemeinden spürbar.

Aber: Stehen Gottesdienst und individuelles Programm bzw. die familiäre Situation nicht in Konkurrenz zueinander? Die vermeintlichen Hinderungsgründe lassen sich bei näherem Hinsehen ausräumen. Gottesdienste werden nicht mehr allein am Sonntagvormittag angeboten, sondern auch am Samstagabend oder am Sonntagnachmittag. Vor allem Familien kommt dies entgegen, denn sie haben den Tag für sich. Noch deutlicher als der Vormittagsgottesdienst kann die Zusammenkunft am Nachmittag den Sonntag als Beginn einer neuen Woche markieren. Schließlich ist nach christlichem Verständnis der Sonntag nicht der letzte, sondern der erste

Tag der Woche. Mit einem Gottesdienst am Nachmittag bekommt der Sonntag einen Höhepunkt und klingt nicht einfach sang- und klanglos aus.

Und die Liturgie? Ist das immer Wiederkehrende nicht langweilig? Auch dieses Argument läßt sich entkräften. Denn im Blick auf unsere Eßgewohnheiten kann das Lieblingsgericht nicht oft genug aufgetischt werden. Und was wäre die Liebe zwischen zwei Menschen ohne die regelmäßigen Streicheleinheiten. Liturgie ist Nahrung für die Seele. In ihr begegnet uns Gott und will uns Gutes tun. Im Gottesdienst streichelt er unsere Seele. Beschreiben läßt sich das nur schwer, aber es kann erlebt werden.